公路工程标准规范理解与应用丛书

公路技术状况评定指南

赵怀志　李　强
程珊珊　潘玉利　著

人民交通出版社

内 容 提 要

本书为交通部2007年11月颁布的《公路技术状况评定标准》(JTG H20—2007)配套学习用书。由《公路技术状况评定标准》(JTG H20—2007)编写单位编著。可供《公路技术状况评定标准》(JTG H20—2007)宣贯、公路养护技术培训使用。

图书在版编目(CIP)数据

公路技术状况评定指南/赵怀志等著. —北京:人民交通出版社,2008.5

ISBN 978-7-114-07154-6

Ⅰ.公… Ⅱ.赵… Ⅲ.道路工程-技术评估-中国-指南 Ⅳ.U41-62

中国版本图书馆CIP数据核字(2008)第063690号

书　　名: 公路技术状况评定指南
著 作 者: 赵怀志　李　强　程珊珊　潘玉利
责任编辑: 刘　涛
出版发行: 人民交通出版社股份有限公司
地　　址: (100011)北京市朝阳区安定门外外馆斜街3号
网　　址: http://www.ccpress.com.cn
销售电话: (010) 59757973
总 经 销: 人民交通出版社股份有限公司发行部
经　　销: 各地新华书店
印　　刷: 北京市密东印刷有限公司
开　　本: 787×960　1/16
印　　张: 13.5
字　　数: 159千
版　　次: 2008年5月　第1版
印　　次: 2017年6月　第4次印刷
书　　号: ISBN 978-7-114-07154-6
定　　价: 35.00元

前　言 QIANYAN

改革开放以来的30年,是我国公路建设事业发展的黄金时期。公路通车里程持续快速增长;大型桥梁隧道建设迈入世界先进水平;高速公路骨干作用日益突出;公路交通在国民经济发展中的基础支撑地位显著增强。伴随着公路建设事业的飞速发展，面对空前繁重的养护任务和日益提高的公路公众出行要求,我国的公路养护事业已悄然进入“养护转型、管理升级、改革加速、服务提高”的新阶段。传统的养护理念、养护机制、养护方法正在发生深刻变革。

为了适应新的更高要求,进一步推进我国公路养护科学化、规范化进程,交通部于2007年11月颁布了《公路技术状况评定标准》(JTG H20—2007),对公路技术状况的评定标准、计算方法、检测和评定要求等作出了明确规定,并首次统一了我国高速公路和普通公路技术状况评定方法。《公路技术状况评定标准》颁布后,很多从事公路养护管理工作的同行,要求编写单位尽快编写一本有关公路技术状况评定方面的操作指南,以满足标准宣贯、养护生产和技术培训的需要。为此,我们根据国内外的相关研究成果和近几年的生产实践,编成本书,以期将公路技术状况评定的标准和方法,以及与之相关的公路养护科学决策模式和实例介绍给广大公路养护技术人员,供他们参考使用。

本书内容主要包括:绪论,公路损坏分类与识别,公路技术状况评价指标,公路技术状况检测、调查和评定,现代公路养护决策模式等。引用了“公路沥青路面快速检测和养护技术研究”等课题的研究成果。编者在此谨向所有参加项目研究的单位和研究人员表示衷心的感谢！也向所有支持本书编写的单位与个人表示感谢!

交通部公路科学研究院公路养护管理研究中心:

地址:北京市海淀区西土城路8号(100088);

电话:010－62388353;

传真:010－62079514;

网址:www. Roadmaint. com, www. CPMS. com. cn;

邮箱:roadmaint@ cpms. com. cn。

由于时间仓促,加之水平和能力所限,书中不当之处,请公路养护管理同行提出宝贵意见,以便将来做进一步的充实和修改。

编者

2008 年 5 月

目　录 MULU

1 绪　论

1.1　我国现代公路发展概况

路,古已有之,是伴随着人类的生产活动而产生的。最早的路是由人踩踏而成的小径。东汉训诂书《释名》解释道路为“道,蹈也,路,露也,人所践蹈而露见也”。纵观我国公路的发展历程,大致经历了三个阶段,即:古代道路、近代道路和现代公路。其中,古代道路发展大致是从公元前21世纪至公元1911年这段时间;近代道路则是1912年至1949年;1949年新中国成立后,便进入了我国现代公路的发展时期。

我国现代公路的发展大体可以分为三个阶段。

1.1.1　发展初期(1949~1984年)

这一阶段,我国先后经历了建国初的国民经济恢复时期、第一个五年计划时期、大跃进和国民经济调整时期、十年动乱和改革开放初期。全国的政治、经济和社会发展状况较为复杂,变动频繁。公路作为国家的公益性基础设施,在得到政府和社会各界重视的同时,也受到了整体政治、经济形势的影响,无论是发展的速度和质量均无法与随后的各个发展阶段相比。

建国初始,国家就颁布了一系列有关公路建设的重要文件,并进行了全国公路普查,对解放前修建的全国约8万km的公路进行了恢复和改善。1950年3月政务院颁布了《关于1950年公路工作的决定》,对各级管理机构的设置提出了要求,进一步明确了建国初期公路工作的方针政策。1950年7月,交通部颁发了《公路养路费征收暂行办法(草案)》,从此我国公路建设和养护有了稳定的资金来源;1951年5月政务院发布了《关于1951年民工整修公路的暂行规定》，民工建勤建路养路制度以国家法令的形式确定下来。这些政策对新中国公路事业的发展发挥了重要作用。到1952年，全国建立了部、省、地、县四级交通部门和公路管理机构，并建立了设计、施工和养护的专业队伍。截至1952年底，公路通车里程达12.6万km，有路面里程达5.5万km。进入第一个五年计划（1953～1957年）后，我国公路开始稳步发展。5年内，公路通车里程和有路面里程都增长了1倍，分别达到25.4万km和12.1万km。桥梁达3.7万座、53.8万延米。到"大跃进"和国民经济调整时期（1958～1966年），公路数量猛增。截至1966年底，公路通车里程达53.8万km，有路面里程达32.4万km，桥梁达10.4万座、159.6万延米。即使在十年动乱（1966～1976年）期间，我国的公路建设仍有长足的发展，10年公路总里程增长了近30万km。

1978年党的十一届三中全会后，我国进入了改革开放的新时期。随着商品经济和社会各项事业的全面发展，人流、物流运输空前活跃，公路交通事业在国民经济中的地位、作用和效益，日益为各方面所认识和重视。但是，由于发展基础差、国家财力有限等因素，公路建设速度根本无法满足国民经济和社会发展需要，公路网的里程、密度、标准和整体服务水平不能适应经济发展和人民群众出行需要，公路交通一度成为制约国民经济和社会发展的瓶颈。坐车难、运货难的现象也随之出现。

1.1.2 平稳发展期（1985～1997年）

1984年12月25日，国务院第54次常务会议，针对我国当时交通运输日益紧张，公路建设需要加快发展的现状，对公路建设和资金来源提出了七点意见。其中的三条意见成为后来支撑中国公路长期快速发展的重要政策基础。即：适当提高养路费征收标准，增加部分全部用于公路建设；开征车辆购置附加费（即现在的车辆购置税）全部用于公路建设；允许贷款修路、收费还贷。这几项政策的出台和实施，建立了公路建设筹资新机制，极大调动了地方政府和社会各界投资公路建设的积极性，有效缓解了公路建设资金严重不足的矛盾。此后，我国现代公路进入了平稳、快速发展的新时期。

1987 年 10 月，国务院颁布了《中华人民共和国公路管理条例》，规定我国公路工作实行统一领导、分级管理原则；国道、省道由省、自治区、直辖市公路主管部门负责修建、养护和管理，县乡道路分别由县乡人民政府负责修建、养护和管理；并将国家有关养路费、车购税、通行费的征收政策上升为法规。《条例》的颁布实施再次有力推动了全国公路工作，开创了"以法建路、以法治路"的新局面。1988 年底，沪嘉高速公路建成通车，结束了我国大陆没有高速公路的历史，同时拉开了我国高速公路快速发展的序幕。1992 年，国务院批准了交通部提出的"五纵七横"国道主干线系统规划并开始实施，为进一步加快我国高等级公路建设奠定了坚实基础。在这一规划的指导下，沈大、京津塘、京石、济青、成渝、沪宁、太旧、长四、广深等一大批里程长、影响大的高速公路路段相继建成通车。随着公路建设事业的平稳、快速发展，公路科学技术研究也取得了巨大进步，与公路建设、设计、养护相关的技术标准、规范体系初步形成。

经过努力，到 1997 年底，全国公路总里程达 122.6 万 km，其中高速公路 4 771km，一、二级汽车专用公路 1.96 万 km。公路密度达 12.8km/百平方公里，全国所有的县、98% 的乡镇、81% 的行政村都通了公路。一个干支衔接、布局合理、连接城乡的全国公路网络初步形成。公路交通对国民经济的瓶颈制约作用得到了有效缓解。

1.1.3 高速发展期(1998 年以来)

1998 年，为应对东南亚金融危机，我国开始实施积极的财政政策，进一步加大了公路建设投资，为我国现代公路的持续、高速发展提供了难得的历史机遇，公路建设进入了发展高峰期。经过近十年的努力，我国公路无论在总量上还是在质量上都实现了重大突破，取得了举世瞩目的成就。这一阶段，公路发展的特点主要体现在5个方面。

（1）公路建设投资屡创历史新高。1998年6月，交通部在福建省福州市召开了全国加快公路建设工作座谈会，当时的国务院副总理吴邦国参加了会议，对应对东南亚金融危机、进一步加快公路建设工作进行了专门部署。当年，全国公路建设创纪录地完成投资2 118亿元，是1997年的1.68倍；全国新增公路总里程达5.21万km，其中新增高速公路2 390km。此后，全国公路建设投资逐年攀升，屡创历史新高。2006年全国公路建设投资达到了6 231.05亿元，一年的投资就已超过了从建国到1997年间49年的公路建设投资总和。1998~2006年的9年间年均公路建设投资增长率达21%。

（2）高速公路发展迅速。10年来，全国高速公路里程以平均每年近5 000km的速度快速增长，创造了世界高速公路发展史上的奇迹。先后建成了以京珠、京沪、京沈、连霍等为代表的长距离、跨省区高速公路主通道，标志着我国高速公路发展进入了联网成片的新阶段。2004年国务院批准了总里程为8.5万km的《国家高速公路网规划》，进一步促进了我国高速公路的发展。到2007年底，全国高速公路通车里程达5.4万km，仅次于美国，稳居世界第二；全国五纵七横国道主干线基本建成，比规划提前了13年；除西藏自治区外，全国30个省（自治区、直辖市）都通了高速公路，以高速公路为骨架的全国公路网已基本构成，为中国经济的持续、快速发展起到了强大的动力支持。

（3）路网整体水平和公路通行能力有了明显提高。截至2006年底，我国公路总里程达345.7万km。从技术等级看，二级以上公路里程不断攀升,总里程已达35.33 万 km,比1997 年末增加了22.23 万 km,二级以上公路占路网比重为 10.2%。从路面状况看,沥青和水泥路面里程已达到 99.65 万 km,占路网比重为 28.8%;从路网密度看,按国土面积和人口计算的公路密度逐年提高,公路密度已达到 36km/百平方公里,比 1997 年末提高了 23.2km。公路网的综合服务功能、通行能力、行车速度及舒适性都有了明显提高。

(4)农村公路得到了全面发展。1999 年,国家发改委和交通部联合颁布了《关于加快农村公路发展的若干意见》,并开始在全国重点组织实施西部地区通县沥青(水泥)路、全国县际及农村公路改造工程和乡村"通达工程"等农村公路专项建设计划。2003 年,根据党中央和国务院的整体部署,交通部进一步调整了农村公路投资政策,提出"修好农村路,服务城镇化,让农民兄弟走上沥青水泥路"的战略目标,大幅度提高了农村公路投资规模,在全国掀起了农村公路建设高潮。2005 年初,国务院又通过了《农村公路建设规划》,确定了 2020 年前我国农村公路的发展目标。在这一系列政策的引导下,2003 ~2006 年的4 年间,全国新改建农村公路达 87 万 km,其中沥青(水泥)路 58 万 km,是建国头 53 年建成沥青(水泥)路的 2 倍。到 2006 年底,全国农村公路通车总里程达 302.61 万 km,有 98.3% 的乡镇、86.4% 的建制村通了公路。广大农村地区的公路出行条件得到了全面改善。

(5)公路桥梁建设水平进入世界先进行列。到 2006 年底,全国共有各类公路桥梁 53.36 万座,2 039.91 万延米。特别是,1998 年以来,在大江、大河和海湾地区建成了一批在国内外具有重要影响的桥梁。如主跨 628m 的斜拉桥南京长江二桥(居世界第三),主跨为 1 385m 的悬索桥江阴长江大桥(居世界第四),润扬长江公路大桥主跨为 1 490m 的悬索桥(位于世界第三),在建的苏通长江公路大桥,为主跨 1 088m 的斜拉桥,建成后将在同类桥梁中位于世界第一。这些桥梁的建成,标志着中国公路桥梁建设水平已经步入世界先进行列。

经过半个多世纪的努力,我国现代公路发展取得了举世瞩目的巨大成就。现在,一个以北京为中心、由大小经济特区向外辐射、以高等级公路为主骨架,从沿海向内地扩展,连接全国各经济中心、四通八达的公路网已基本形成。

1.2 我国公路养护管理现状

1.2.1 公路管理体制

我国现行的公路管理体制是按照“统一领导、分级管理”的原则建立起来的。公路建设、养护和管理的事权均以地方为主。总体看,已经形成中央、省、地、县四级较为健全的公路管理体系,基本模式是:交通部主管全国公路工作,主要从事法律法规、宏观政策、国道规划、技术标准和业务上指导各地的公路工作。省、自治区、直辖市人民政府设立交通厅(局、委),负责辖区内公路的建设、养护和管理,具体管理工作由交通厅(局、委)下设的公路局(处)、高速公路管理局(公司)等机构负责。各地市以下机构基本与省级机构对应设置,地市级、县级政府设交通局,在地市级交通局下设公路总段(局、分局、处)。县级设公路段(局、分局、站)。部分乡镇政府还设有交通管理站(所),业务上接受县交通局领导。各地的公路管理机构设置、运行模式均有不同程度的差别,不尽相同。下面分别从高速公路、普通干线公路和县乡公路三方面对各地的公路管理模式作简要描述。

(1)高速公路。我国高速公路的管理是伴随着1988年我国第一条高速公路的竣工通车相应产生的。尽管经历了近二十年的时间,由于其投资主体的多元化以及作为收费公路的特殊性,从融资、建设到运营管理,各省(市)形成了多种管理模式,显示出较为复杂的局面。目前主要呈现以国有高速公路集团公司和高速公路管理局为主体,以非国有公司和上市公司为补充,多种模式并存的发展态势。归纳起来,大致可分为三种模式。

第一种是组建省政府授权并直接领导的国有独资性质的高速公路集团公司。这种模式下的高速公路集团公司一般归省国有资产管理机构统一管理,直属省政府领导,基本脱离了与省交通厅的行政隶属关系。

第二种是组建由省交通厅领导的高速公路融资实体。省交通厅将辖区内高速公路予以整合,成立独资或控股的公路经营集团公司。

第三种是组建事业性质的高速公路管理局或者其他类似的事业机构。这种管理模式下,省交通厅下设省高速公路管理局对全省绝大部分的高速公路进行管理,高管局根据路段下设高速公路管理处,全面负责收费、经营、养护、路政和其他管理工作;其余路段由企业负责经营,高管局负责行业管理。

此外,以转让经营权、BOT、TOT 为代表的特许经营模式,例如某些高速公路路段由非国有独资或控股的民营、外资股份公司管理,另一些由经股份制改造并在资本市场上市的公众公司管理等,也成为以上三种模式的有益补充。目前我国高速公路的管理模式如图 1-1 所示。

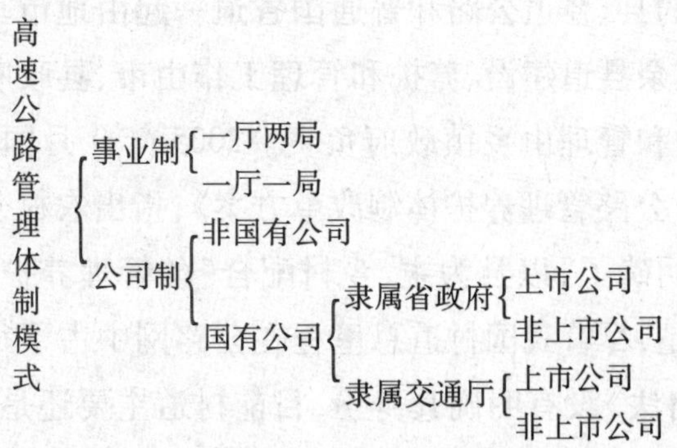

图 1-1 我国现行高速公路管理体制的组成结构

(2)普通国省干线公路。这主要是指除高速公路以外的国省干线公路，目前这部分公路的总里程约为38万km。按照省和地市级公路管理机构之间的关系划分，全国主要有三种管理模式。

条条管理：省级公路管理机构直接负责国道、省道及部分重要县道的建设、养护和其他管理。地市公路总段(局、分局、处)、县公路段(局、分局、站)的人、财、物由省公路局实行垂直管理。县乡道路以地(市)交通局为主实施规划、设计、建设和养护管理，省公路局给予技术指导和一定的资金补助。

块块管理：省交通厅公路局只是在业务上对各地市公路管理机构实施归口管理和指导。地市公路管理机构的人、财、物均在地方政府，受各地市交通局管理。养路费由省交通厅根据收入情况，在各地市间切块包干，建养计划按区域制定并落实。地市以下的公路管理体制由各地市人民政府确定，一般来说包括两种，即地市以下垂直管理和条块结合管理。

条块结合：一般是省公路管理部门将国省干线公路的管理下放到地市，但计划、财权在省级公路管理机构。地市公路管理部门的包括人事权在内的行政领导归属当地政府。县乡公路仍由地市、县交通部门负责。

(3)农村公路。目前，全国农村公路总里程约为302万km，其中部分重要的县、乡道公路和普通国省道一起由地市、县公路管理部门代管，其余县道建设、养护和管理工作由市、县政府负责，乡道的建设、养护和管理由乡镇政府负责。2005年9月国务院办公厅颁布了《农村公路管理养护体制改革方案》，指出农村公路包括县、乡、村道，并明确了“以县为主、乡村配合”的管理养护体制。特别需要提出的是，尽管我国村道总里程在公路网中占了很大比重，但是由于《公路法》没有明确其身份，目前村道主要还是由村委会负责建设，养护工作局限于群众突击和季节性养护，路政管理也基本未开展。

1.2.2 公路养护机制

1990年以前,中国大陆的公路养护实行的是行业内部封闭运行的生产模式,养护工程的计划由公路管理机构制定下达,经费由公路管理机构按计划划拨,施工由隶属于公路管理机构的工程队或道班(工区)实施,质量监督由公路管理机构负责,公路养护从计划、施工到质量控制全部由各级公路管理机构承担。1990年以后,随着社会主义市场经济体制的逐步确立和完善,情况开始出现了变化。交通部提出要实行"管养分开,事企分开"。据此,各地开始对原有的养护生产运行模式进行改革。改革的主要内容包括:

(1)实施管养分离,培育市场主体。打破原有的"管养一体,事企一家"组织模式。根据《公路法》的要求,按照精简、统一、效能的原则,重新确定各级公路管理机构的职能,重新核定编制。公路管理机构定位于负责全省公路规划、建设、养护、路政管理、收费管理等行政管理工作的职能机构,从各种生产、经营性事务中解脱出来。将原来附属于管理机构的各种材料场、工程队、养护道班、学校、杂志社、医院等生产经营单位彻底剥离出去,逐步实现"管养分离、事企分开",使公路管理机构能够专心一意做好各项行政管理事务。

对分离出去的生产经营单位(包括养护生产单位)进行清产核资,完成两个置换,即:职工身份置换和国有资产置换。并按照产权清晰、责权明确、管理科学的现代企业制度要求对其进行改造,使之成为自主经营、自负盈亏、自主发展的独立法人实体,自由参与市场竞争。考虑到公路养护生产单位的公益性特点,以及技术含量低、市场竞争力差的实际情况,各地普遍采取了"送上马、扶一程"的做法,一定时期内给予了必要的技术、资金、设备支持。

(2)推行招标养护,营造市场环境。改革原有的养护任务分配方式,积极推行招标养护。打破地区、行业的界限,将所有养护工程项目进行社会公开招标,择优选择养护队伍。

在改革的初始阶段,为了扶持新组建的养护企业,一些地方根据养护工程的类别,采取不同的管理办法。对于公路改建、大中修工程,实行全社会公开招标。对于公路小修保养工程,在过渡期内(一般为3年)实行行业内或一定地域范围内的招标或邀标养护。努力营造公开、公平、公正的自由竞争环境。

(3)改革管理方式,规范养护市场。改革各级公路管理机构的管理内容和方式,将工作重点从管过程转变为管结果,即从管生产、管施工转变为管市场、管质量。首先,把好养护市场的准入关,建立"优胜劣汰"的退出机制,引导公路养护企业走上规模化、机械化的发展轨道。同时,建立和完善相关质量标准,在养护合同中明确养护质量的量化指标。并逐步探索建立一套科学、高效的质量监控、评价、惩罚机制。

由于上述改革触及到体制、机制、制度等深层次矛盾,加之受国家配套政策、市场发育程度、区域经济水平、改革成本等多种因素的影响,使得这项工作呈现出一定复杂性和艰巨性,发展也很不平衡。总体上看,目前全国的整体改革进程与实现"管养分开、事企分离"的总体改革目标相比,还有相当的差距,大都数省份仍处于过渡阶段。但是,经过十多年的努力,原有的"大锅饭、铁饭碗"的养护模式已被彻底打破,养护生产中的竞争机制开始初步形成。特别是东部经济发达地区,以上海、江苏、浙江等省市为代表。这些省市经济实力较强,思想观念超前,推进改革的基础较好。它们一般通过支付较高的改革成本(如补缴社会保险费用,接续社会保障关系,支付身份置换经济补偿金等),在较短的时间内实现了养护管理与养护生产分离,将具有企业职能的养护作业单位从事业单位中剥离改企,推向市场。上海市改革更为迅速,已深入到产权变革和中介机构组织招标的层面,部分养护企业所有制结构已实现了由国有控股向混合所有制与民营所有制方向转变。其他不具备条件的中西部省份,虽然改革还不彻底,但养护生产单位与管理单位也已从职能上进行了分离,养护生产通过内部模拟市场等方式初步引入了竞争机制;对具备转企的单位实行了改制,不具备转企的单位仍保留事业性质,但实行企业化运行。这种改革,虽然具有过渡性质,但实事求是,因地制宜,维护了改革、发展、稳定大局。

1.2.3 存在的主要问题

新中国成立后,特别是改革开放以来,我国的公路养护管理工作得到了快速发展,取得了很大成就。但是,目前我国的公路养护管理总体上还处于较低水平,与国际先进水平相比,仍然存在较大差距,无法适应人们日益增长的多样化出行需求,主要体现在以下五个方面:

(1)思想认识不适应。受不正确的政绩观的影响,特别是在高速公路和农村公路建设的双重压力下,一些地方没有把"建养并重"的公路工作方针落到实处,"重建轻养"现象在一些地方还普遍存在。有的地方强调先建设后养护,结果是前修后坏,建设成果保不住;还有的地方认为,公路建设出成绩,养护投入很难见到成效,对养护管理缺乏积极性。除此之外,长期以来形成的矫正性、被动性、突击性和单纯以路面为中心等粗放、单一的养护模式还相当普遍,无法适应新的发展要求。

(2)通行保障能力不适应。从硬件条件上看,与国外发达国家相比,甚至与一些发展中国家相比,我国的公路基础设施无论是网络结构和通达深度,还是整体技术标准和路况质量,仍有较大差距,总体规模和效率还有待提高。尤其是大量的国省干线和农村公路服务水平偏低;公路基础设施的安全水平、通行能力、耐久性、抗灾能力仍较弱。桥梁安全形势日益严峻,全国桥梁中大约有12

万座20世纪60、70年代修建的桥梁,约占全国桥梁的38.2%。这些桥梁处于超荷载运营状态,有的已经出现了严重病害,随时可能转变为危桥;而且,大量的危桥分布在养护力量较为薄弱的县乡公路上,存在较多安全隐患。

从软件条件上看,随着公众出行需求的日益提高,公路的公共服务水平亟待提高。全国统一联动的公路应急反应机制尚未建立,公共突发事件的应急处置能力较弱;公路信息服务水平较低,出行服务信息的权威性、及时性、实用性有待提高,公众信息服务的范围和形式有待进一步拓展;高等级公路沿线服务设施日显不足,基层基础设施日益老化;公路养护的及时性、快速性、有效性亟须提高。

(3)资金投入不适应。相对公路建设而言,养护管理资金投入严重不足。全国国省干线公路中每年能安排大中修的比例不足10%,部分地区国道平均年养护费用每公里还不到1万元,养护机械装备水平低下;大量农村公路失养失修,尚未实现有路必养,一些危桥险隧和水毁路段得不到及时修复。资金不足仍是制约公路养护管理事业发展的重要因素。

(4)养护管理技术水平不适应。养护管理领域的科技主导作用仍显不足,科技成果推广应用和产业化水平急需提高。现代通信、信息、环保、节能技术在养护管理中的集成应用较为薄弱;养护检测、施工中的机械装备和应用水平还不高,一些地区的养护作业还处在以翻斗车、拖拉机、农用车及手动工具为主的生产方式状态;涵盖公路养护全过程的技术标准、规范还不完善;能够适应现代化管理要求的公路管理信息系统还没有建立,管理与决策过程中的计算机信息技术应用还很不普遍;从业人员整体素质不高,专业技术人员在所有养护管理职工中的比例还不足10%,懂养护会管理的专业技术人才匮乏。公路养护管理技术水平已越来越不适应高水平公路网的管理要求。

(5)管理体制机制不适应。与公路基础性、网络性、功能层次性特点相适应的管理体制尚未形成,事权不清、权责不一的状况在养护管理工作中普遍存在,并逐渐成为影响公路网整体效益顺利发挥和公路养护管理工作有效进行的最大障碍;部分高速公路、收费公路游离于交通部门行业管理之外,养护监管薄弱;农村公路养护管理体系不健全,养护管理长效机制尚未建立。养护运行机制改革进入攻坚阶段,统一开放、竞争有序的养护市场尚未形成。

1.3 我国公路养护管理的发展趋势

今后一段时期,是我国全面建设小康社会的重要战略机遇期,也是我国和谐社会建设和新农村建设的关键时期。立足科学发展,更加注重提高经济增长的质量和效益,更加注重资源节约和环境保护,将是这一时期的鲜明特点。这些特点在客观上要求我们:面对持续快速增长的公路交通需求和日益多样化的公路出行要求,公路交通的发展不能仅靠新建工程和总量扩张,必须要同步加强养护管理,充分挖掘现有公路网的通行潜力,改善路网品质,提高通行能力和效率,才能适应发展需求。2006 年 5 月,交通部在山东济南召开的全国公路养护管理工作会议上指出:当前我国的公路养护管理工作已经步入了“养护转型、管理升级、改革加速、服务提高”的新阶段,并确定了“六个一”的长远工作目标和“更安全、更畅通、更和谐、更高效”的总体工作要求。这些都为公路养护管理工作的长期持续发展提供了良好机遇。

借鉴国外发达国家的发展经验,可以预见,今后一段时期我国公路养护管理将朝着检测自动化、决策科学化、养护专业化、施工机械化的方向发展。

(1)检测自动化。及时、准确的公路基础数据信息是开展公路养护管理工作的前提和基础。与传统的人工检测相比,自动化检测具有准确、安全、高效等显著优点。特别是高等级公路承担着大量的客、货流量,具有交通流量大、车速快的特点。传统的人工检测方法根本无法适应实际工作要求。因此,世界各国都十分重视公路养护检测自动化技术的发展。研制、开发了多种用于养护的自动化检测装备,并普遍将自动化检测结果作为公路养护分析决策、编制资金预算的必要依据。我国在这一方面的发展相对起步较晚,但发展速度很快。近年来,以国家科技攻关项目和交通部科研项目为依托,研制成功了多功能路况快速检测系统(CiCS)、自动弯沉仪等多种路面养护检测装备,主要检测指标包括路面破损、道路平整度、路面弯沉、路面抗滑、路面车辙、前方图像、道路几何线形等,为提高我国公路科学养护水平提供了重要的技术支撑。目前,受技术条件的限制,公路路基、桥涵构造物和沿线设施使用状况的自动化检测技术在世界各国还都没有得到根本突破,这将是今后我国公路养护检测自动化技术研究和发展的重点。

(2)决策科学化。从20世纪90年代初开始,交通部在全国范围内推广使用路面管理系统和桥梁管理系统,其主要目的就是要提高公路养护的科学决策水平,提高养护资金使用效率,减少决策中的人为因素。但是,受公路管理体制、养护资金筹措和分配模式的影响,推广工作没有达到预期效果。沿袭多年的"以供定需"的人为决策模式并没有得到根本转变,公路养护的科学决策水平还处于较低水平。当前国内许多公路管理机构,往往是在公路出现明显病害或者病害已发展到损害公路正常通行能力时才开始考虑制定对应的养护维修计划,这样的工作方法实际上是一种被动的养护管理。而科学的管养是建立在长期稳定的跟踪检测和评价系统之上的,必须根据科学的评价结果决定养护维修工程实行的日期、间隔以及内容和流程;有的公路管理机构虽然也定期或不定期开展道路检测与评价工作,但由于没有标准的操作流程和工作手册指导,导致检测的数据量不足或数据可靠性差,不足以为科学的制定长期养护计划提供详实的数据参考。近年来,随着公路预防性养护理念的逐步建立,再加上燃油税改革、财政预算管理制度改革等外部政策环境的变化,提高公路养护决策科学化水平既是公路交通行业内规范管理的迫切要求,也已成为政府公共财政管理的客观要求。科学的养护决策的核心内容主要包括以下五个方面:一是公路使用状况科学评价;二是特定条件下的养护需求分析;三是特定条件下的养护决策分析;四是科学编制养护规划;五是科学确定年度养护计划。

(3)养护专业化。目前,我国养管分离尚未取得实质性突破,养护市场专业化水平低,特别是有竞争力的大型养护企业发展缓慢,再加上法规建设滞后,缺乏公平、公正、有序竞争的机制和活力,养护市场对养护资源的配置作用还远没有发挥出来。这在一定程度上对提高我国公路养护管理技术水平产生了不利影响。而反观国外发达国家,一般都采取了专业化的养护组织模式。公路养护市场的参与方主要包括:政府公路管理机构、养护中介组织和养护施工企业三个层次,三者之间形成分工合作的伙伴关系。养护中介组织和养护施工企业都属于独立的专业化、社会化组织,承担具体的养护实施任务,共同对政府公路管理机构负责。在这种模式下,利用市场机制,政府公路管理机构可以确保获得最好的技术支持和服务,养护管理的工作水平和质量能得到有效保证。为此,随着我国社会主义市场经济体制的逐步建立,以及公共服务型政府职能的逐步到位,公路养护管理工作也必将逐步向专业化、社会化方向迈进。

(4)施工机械化。公路养护机械化是提高养护作业质量、速度和效率的重要手段,是实现传统养护方式向现代养护方式转变的物质基础和重要标志。改革开放以前,我国公路主要以砂石路为主,再加上当时国家对公路养护的投入十分有限,公路养护主要以人工为主。改革开放后,我国开始引进、生产国外先进的公路养护机械和装备。进入20世纪90年代后,随着高等级公路的快速发展,我国公路养护的机械化水平得到了明显提高。但是,由于受到资金、政策和重视程度等多种因素的制约,从总体上看我国的公路养护机械化发展步伐还相对迟缓,仍处于较低的发展水平,存在高速公路和普通公路发展不平衡、机械配置不合理、使用效率不高、工艺材料研究滞后等突出问题。翻斗车、拖拉机、农用车及手动工具依然是普通国省干线公路和农村公路养护中最为常见的生产工具。随着公路养护事业日益得到重视和加强,公路养护机械化发展将迎来前所未有的历史机遇和广阔前景。

2 公路损坏分类与识别

2.1 概 述

公路使用性能的衰变一般会通过可见的、不同形式的损坏表现出来,反过来不同形式的损坏对公路使用性能也有不同程度的影响。因此,公路损坏的调查是公路技术状况评定的重要内容,也是制定养护对策的重要依据。公路损坏所表现出的形态和特征是多种多样的,造成公路损坏的原因也是多方面的,有行车荷载因素,有环境因素,此外还有施工和材料的原因等。目前,公路损坏的调查主要依靠人工目测或手工丈量,由于公路损坏原因复杂、形式多样,不同的调查者可能对同一处损坏有不同的判别结果,为了使调查结果有一致含义及可比性,需要根据损坏的形态特征、严重程度和损坏原因,对公路损坏进行分类。

为使公路损坏调查具有可操作性和实用性,公路损坏分类应遵循一定的原则:①分类定义明确,形式上易于区分;②一定程度上考虑路面损坏的原因,方便公路管理部门的养护决策;③在充分描述公路使用性能的基础上,尽量减少损坏类型数量、减少调查项目。

国外最早的公路,损坏分类是 Hubbard 于 1924 年提出的。随着路面管理系统研究的兴起及应用,公路技术状况评定成为现代公路管理的重要内容之一。为满足公路技术状况评定关于公路损坏调查的需要,许多国家的公路管理部门都确定了相应的公路损坏分类及损坏识别方法。

我国公路管理部门十分重视路面、路基、桥隧构造物和沿线设施等公路各组成部分技术状况的调查和评价。我国的公路养护技术规范规定了公路损坏类型与识别方法，但由于早期的公路养护技术规范损坏分类方法对损坏原因考虑过多，不宜进行大规模的网级损坏调查，因此部分省市如北京、广东等地又制定了本地区的损坏分类方法。为加强公路养护质量的评定工作，在全国范围内统一公路养护质量评价的标准，1994 年交通部修订颁布了《公路养护质量检查评定标准》(1994，交通部)，建立了包括路基、路面、桥隧构造物和沿线设施等部分的一套完整的公路损坏分类方法，由于当时我国高速公路的建设尚处在起步阶段，因此该标准主要是针对一般公路和混合交通的汽车专用公路制订的，限于当时的公路修建和管理水平，该标准对于公路损坏的分类较为笼统。2002 年交通部又研究出台了针对高速公路的《高速公路养护质量检评办法》，该检评办法根据近年来我国路面管理系统(CPMS)研究的部分成果，结合高速公路的特点，提出了新的公路损坏分类方法。

本次颁布的《公路技术状况评定标准》，通过对专家和各地公路管理技术人员的咨询和调查，结合道路实验，在《公路养护质量检查评定标准》和《高速公路养护质量检评办法》分类方法的基础上，进行了部分修改和完善，以求符合目前我国公路的技术现状和管理水平，并易于被广大公路管理人员接受。

以下详细介绍包括路基、沥青路面、水泥路面、砂石路面、桥隧构造物和沿线设施等公路各组成部分的损坏分类及识别方法。

2.2 路基损坏类型及识别

路基包括路肩、边坡、路基排水系统及路缘石、挡墙等部分。根据对路基各部分常见病害形式的调查，同时从病害对路基技术状况影响程度及损坏调查方便性考虑，1994 年颁布的《公路养护质量检查评定标准》中将路基的损坏分为5类,分别是路肩不清洁、路肩不整齐、水沟淤塞、边坡坍塌和构造物损坏,损坏不分严重程度。2002年《高速公路养护质量检评办法》中增加了水毁冲沟、路基整体沉降和路缘石损坏等高速公路常见的损坏类型,并将路基损坏重新划分为6类:路肩边沟不洁、路肩损坏、边坡坍塌和水毁冲沟、路基构造物损坏和路缘石缺损、路基整体沉降、排水系统淤塞,除路肩边沟不洁外,其他损坏都分成2~3种严重程度等级。

为方便损坏的识别和记录,本次颁布的公路技术状况评定标准在2002检评办法的基础上,将"边坡坍塌和水毁冲沟"及"路基构造物损坏和路缘石损坏"这两种损坏类型分别细分为两类,从而将路基损坏类型分为8类,并根据严重程度或影响范围,将损坏分为2到3个严重程度等级。以下介绍了这8种路基损坏类型的识别和计量方法。

2.2.1 路肩边沟不洁

路肩边沟不洁指路肩及边沟部位有杂物、油渍、垃圾或堆积物等,路肩边沟包括土路肩、硬路肩和紧急停车带、路基边坡和排水沟等部分(图2-1)。路肩边沟不洁一方面会影响公路的美观,另一方面路肩部位的杂物垃圾如被风吹至路面或空中也会对行车安全造成一定的威胁。路肩部位的油渍如不及时清理,会对路肩造成腐蚀,造成路肩损坏。

路肩边沟不洁不分轻重。路肩边沟不洁的计量按行车方向的长度计算,以米为单位,每1m路肩边沟不洁扣0.5分,不足1m按1m计。丈量长度时可用皮尺进行准确测量,也可用其他方式如步伐丈量或利用公路上其他标准长度参照物目测估计。

2.2.2 路肩损坏

路肩是路基基本构造的组成部分,由外侧路缘带、硬路肩、保

图 2-1　边沟不洁

护性土路肩组成，其功能是：①保护路面边缘，加强路肩整体的稳定性；②停置临时发生故障的车辆；③提供侧向余宽、显示行车道外侧边缘、引导视线、增加行车的安全舒适性；④增加挖方弯道地段的视距；⑤为设置路上设施（标志、防护栅等）或埋设地下管线及养护作业提供场地。

路肩损坏指土路肩、硬路肩或紧急停车带表面出现各种损坏，如坑槽、裂缝、松散等，沥青路肩和水泥路肩的损坏分别参照沥青路面和水泥路面的损坏形式进行识别，土路肩损坏主要指路肩出现的沉陷、坑槽和露骨等损坏。排水不畅、雨水冲刷、施工或材料不良、外力作用等是造成路肩损坏的主要原因，此外汽车在紧急停车带检查修理时往往也会给路肩留下千斤顶坑迹及油污，形成路肩坑槽等损坏。

与路面损坏不同，路肩损坏不分类统计，而是将所有形式的损坏按面积累加，以平方米为计量单位，累计面积不足 $1m^2$ 按 $1m^2$ 计。路肩损坏分为轻、重两个等级，其中按路面损坏分类标准为轻和中的损坏都归为轻度路肩损坏，按路面损坏分类标准为重度损坏在路肩损坏中也归为重度。

路肩损坏的测量同路面损坏,根据不同的损坏类型按长度或面积进行丈量和记录。裂缝长度需要乘以0.2m的影响宽度,换算成面积。

2.2.3 边坡坍塌

边坡包括路堑边坡和路堤边坡,对路肩的保护有重要作用。边坡坍塌指路堑边坡发生岩石塌落、缺口、冲沟、沉陷、塌方等(图2-2)。边坡设计坡度过大、切坡过多、岩石风化、洪水冲刷、春融等是引起边坡坍塌的主要原因。严重的边坡坍塌会堵塞路面、边沟,威胁交通安全。

图2-2 边坡坍塌

边坡坍塌按处进行记录和统计。根据坍塌边坡的长度将损坏程度分为轻、中和重三个等级,其中坍塌长度小于等于5m的计为轻度损坏,坍塌长度介于5~10m的计为中度损坏,坍塌长度大于10m的计为重度损坏。边坡坍塌的长度按沿行车方向的长度实地丈量或目测估计。

2.2.4 水毁冲沟

水毁冲沟是另一种形式的边坡损坏,它是指填方路段的边坡出现冲沟、缺口、沉陷等损坏。水毁冲沟损坏会严重影响路基的稳定性。高填方路基设计时未按要求进行高路堤稳定性验算、路基压实不够、工程地质不良、路基填料土质差、路基排水不畅或缺乏防护等都会造成水毁冲沟损坏(图 2-3)。

图 2-3　水毁冲沟

水毁冲沟损坏按处进行记录和统计。按冲沟的深度将损坏分为轻、中和重三个等级,其中冲沟深度小于等于 0.2m 的计为轻度损坏,冲沟深度介于 0.2 ~ 0.5m 的计为中度损坏,冲沟深度大于 0.5m的计为重度损坏。测量冲沟深度时用直尺架在冲沟两侧,然后测定直尺与冲沟底部的最大距离。

2.2.5　路基构造物损坏

路基构造物损坏指路肩边坡挡墙等圬工砌体出现断裂、沉陷、倾斜、局部坍塌、松动、较大面积勾缝脱落等损坏。路基本身不稳定或构造物施工不良是造成路基构造物损坏的主要原因。

路基构造物损坏以处为计量单位。

按损坏长度分为轻、中和重三个等级,其中损坏长度小于等于 5m 的计为轻度损坏,损坏长度介于 5 ~ 10m 的计为中度损坏,损害长度大于 10m 的计为重度损坏。

路基构造物损坏的长度按损坏沿行车方向的长度实地丈量或目测估计。

2.2.6　路缘石缺损

路缘石包括中央分隔带、路肩边缘和挡水缘石,路缘石缺损指路缘石损坏或缺少(图 2-4)。路缘石损坏按长度测量和统计,以米为单位。损坏不分轻重。测量时按损坏沿行车方向的长度进行实地丈量或目测估计。

图 2-4 路缘石缺损

2.2.7 路基沉降

路基沉降指路基出现深度大于 30mm 的整体下沉。路基沉降易发生在高填方路段,严重时会直接影响到公路的正常使用,并导致路面损坏。路面标线扭曲通常是路基发生整体沉降的标志之一。路基施工时压实不足、填筑方案不合理是造成路基沉降的主要原因。

路基沉降损坏以处为单位进行记录和统计。按路基沉降的长度分为轻、中和重三个等级,其中损坏长度小于等于于 5m 的计为轻度损坏,长度介于 5 ~ 10m 的计为中度损坏,长度大于 10m 的计为重度损坏。损坏长度按沉降部分沿行车方向的长度实地丈量或目测估计。

2.2.8 排水系统淤塞

路基排水系统包括边沟、排水沟、截水沟及暗沟等。排水系统淤塞指各种排水设施发生淤积或堵塞。排水系统淤塞导致路面或路基水无法及时排出,会加剧水对公路的损坏。沟内杂草未能及时清除或有垃圾、碎砾石、土等堆积,是造成排水系统淤塞的主要原因(图2-5)。

图2-5　排水系统淤塞

按淤积程度及排水情况将损坏分为轻度和重度,并采用不同的计量方法。对排水系统发生淤积,但仍可排水,只是过水面积减小的情况,计为轻度损坏,按长度计量;对排水系统发生全截面堵塞,无法排水的情况,计为重度损坏,以处为计量单位。

按长度计量时,按发生淤积的边沟长度实地丈量或目测估计。

2.3　路面损坏类型及识别

路面损坏主要指路面表面的可见病害,如路面开裂、坑洞等缺陷。路面病害是路面损坏的直接表现。

路面类型不同,所表现出来的损坏形式也各异,因此沥青路面、水泥路面和砂石路面分别采用了不同的损坏分类方法。

2.3.1　沥青路面损坏类型及识别

由于沥青路面应用的普遍性和损坏形式的多样性和复杂性,各国对沥青路面损坏的分类研究都比较重视。早期,根据损坏对沥青路面性能的影响,一般将沥青路面损坏分为结构性损坏和功能性损坏两大类,每类损坏又根据损坏形式的不同进一步进行细分。为方便养护对策的制定,有些损坏分类方法又考虑了损坏的原因甚至损坏的位置,虽然较细的损坏分类有利于养护管理人员的养护管理,但过细的分类也会造成不易操作和调查等问题。世行 HDM(Highway Design and Maintenance Standards Model)(World-Bank,1990)系列研究中将沥青路面损坏分为:龟裂、纵裂、横裂、坑槽、边缘损坏、有裂缝车辙、无裂缝车辙、波浪、沉陷、剥落及松散、泛油。美国的沥青路面损坏分类方法较多,各州基本上都有适合本地区使用的路面损坏分类方法,比较有代表性的是美国 LTTP(Long-Term Pavement Performance Program)研究项目(LTTP,2003)提出的分类方法,该分类方法将沥青路面的损坏类型分为裂缝、坑槽和修补、表面变形、表面缺陷和混合损坏,其中裂缝类损坏又分为疲劳裂缝、块裂、边缘裂缝、纵向裂缝、水泥混凝土路面伸缩缝的反射缝、横向裂缝 6 种损坏类型;坑槽和修补类损坏分为修补损坏和坑槽两种损坏类型;表面变形类损坏分为车辙和推挤 2 种损坏类型;表面缺陷类损坏分为泛油、集料磨光、松散、路肩下沉、泌水和唧泥等 5 种损坏类型,大部分损坏分为轻、中和重三个等级。英国 UKPMS(UKPMS,2007)的路面损坏调查分为网级粗略调查和项目级详细调查两种,相应的也有两种路面损坏分类方法,网级调查的损坏分为磨耗、横向或反射裂缝、表面损坏、沉陷、边缘破损、车辙等,不考虑损坏的严重程度;项目级详细调查的损坏分类包括轮迹处裂缝、整车道裂缝、横向或反射裂缝、磨损、集料散失、泛油、局部沉陷、边缘损坏、车辙等,部分损坏还考虑了严重程度等级。

我国 1994 年颁布的《公路养护质量检查评定标准》根据当时我国沥青路面主要损坏形式的调查情况,同时参考了国外的损坏分类方法,将沥青路面损坏分为 14 类,分别为坑槽、松散、拥包、翻浆、沉陷、脱皮、啃边、泛油、车辙、龟裂、网裂、波浪与搓板、横坡不适和平整度差,损坏不分严重程度。2002 年颁布的《高速公路养护质量检评办法》根据高速公路沥青路面损坏实际情况,提出了新的沥青路面损坏方法。在该检评办法中,考虑到平整度已在道路行驶舒适性指标中反映,因此去掉了其中“平整度差”的分类,同时去掉了“脱皮”、“啃边”、“翻浆”、“横坡不适”这四类已不常见的损坏类型,并将"拥包"和"波浪与搓板"两类病害合并为一类"波浪拥包"。由于裂缝已成为沥青路面最主要的病害形式,并且不同形式的裂缝对路面使用性能和养护决策的影响不同,为进一步区分裂缝的类型,参考国际惯用分类方法将网裂细分为"块裂"、"纵裂"和"横裂"。增加了"修补不良"损坏类型以反映不当的修补对路面使用性能的影响。在损坏分类时,考虑病害的发生发展过程对路面使用性能及养护对策的影响,还对各类病害根据其损坏的严重程度,分为2~3种严重程度等级。因此在2002检评办法中最终将沥青路面分为11类21种损坏类型。

本次修订的公路技术状况标准基本沿用的是2002检评办法中的分类方法,即11类21种病害,只是将其中"修补不良"改为"修补",以反映路面修补本身而不仅仅是不当的修补对路面使用性能的影响。

以下是各种损坏类型定义、识别方法、计量方法及损坏原因的分析。

2.3.1.1 龟裂

龟裂是沥青路面最为重要的一种裂缝形式,在路面上表现为相互交错的小网格状裂缝,因其形状类似乌龟背壳而被称为龟裂(图2-6)。按裂缝块度、缝宽的大小及裂缝有无变形,将龟裂分为轻、中和重三种。

图2-6 沥青路面龟裂损坏

轻度龟裂:初期裂缝,裂区无变形、无散落,缝细,主要裂缝宽度在2mm以下,主要裂缝块度在0.2~0.5m之间。

中度龟裂:龟裂的发展期,龟裂状态明显,裂缝区有轻度散落或轻度变形,主要裂缝宽度在2~5mm之间,部分裂缝块度小于0.2m。

重度裂缝:龟裂特征显著,裂块较小,裂缝区变形明显、散落严重,主要裂缝宽度大于5mm,大部分裂缝块度小于0.2m。

损坏的统计按龟裂涉及的路面面积计量。有时同一片区域中存在不同严重程度的龟裂损坏,无法进行分块区分时,应按其中最重的严重程度记录和统计。

疲劳损坏是产生龟裂的最主要原因。在行车荷载的反复作用下,沥青面层和其下的半刚性基层等整体性材料逐渐失去承载能力,疲劳破坏就会产生。对于渠化交通比较明显的道路,一开始是沿轮迹带出现单条或多条不规则的小裂缝,而后在裂缝间出现横向和斜向连接缝,形成裂缝网。遇到路面结构局部软弱的情况,在少量重复荷载甚至一次荷载作用下,也会产生局部小面积的龟裂。由于承载能力不足产生的龟裂在路面结构中都是自下而上产生的,裂缝贯穿整个路面结构。龟裂继续发展往往就会产生坑槽,影响路面行驶舒适性和安全性。

有时,由于沥青材料的原因,如低温时沥青混合料脆硬、严重的沥青老化等,也可能在沥青路面表面形成相互交错的小网格状、块度很小的裂缝即龟裂。但这种龟裂病害仅限于沥青路面的表面,不会产生路面的变形,对路面的承载能力和功能性能并没有多大影响。由于材料原因产生的龟裂一般发生在较低级的表处、贯入式等沥青路面中,发生的位置不限于轮迹处,往往会分布在整个路面宽度内。

龟裂是沥青路面最主要的结构性病害之一,其发生的程度及密度(范围)是养护工程师用于判断路面是否存在结构性损坏及承载能力是否足够的重要依据。

2.3.1.2 块状裂缝

块状裂缝表现为纵向和横向裂缝的交错而使路面分裂成

近似成直角的多边形大块,块状裂缝的网格在形状和尺寸上都有别于龟裂(图 2-7)。按照裂缝块度和裂缝宽度的大小,将块裂分为轻、重两种等级。损坏的计量按块裂涉及的路面面积计算。

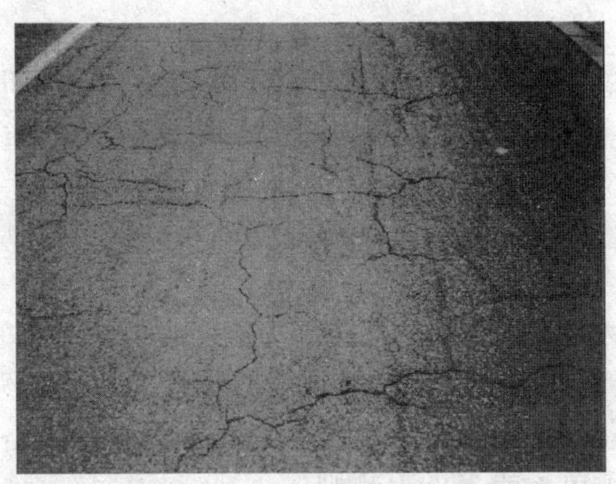

图 2-7　块状裂缝

轻度块裂:缝细、裂缝区无散落,裂缝宽度在 3mm 以内,大部分裂缝块度大于 1.0m。

重度块裂:缝宽、裂缝区有散落,裂缝宽度在 3mm 以上,主要裂缝块度在 0.5 ~ 1.0m 之间。

损坏的统计按块裂所涉及路面面积计量。如同一片区域中存在不同严重程度的块裂损坏且无法进行分块区分时,应按其中最重的严重程度记录和统计。

块裂产生的主因是材料,块状裂缝的产生同行车荷载作用关系不大,它主要是由面层材料的低温收缩和沥青老化所引起。不像龟裂主要出现在荷载作用的轮迹处,块裂可能出现在整个路面宽度内,范围较大。

块状裂缝的裂缝深度一般仅限于路面表面,对路面承载能力和功能性能都没有太大影响。

2.3.1.3　纵向裂缝

纵向裂缝(图 2-8)是与道路中线大致平行的单条裂缝,有时伴有少量支缝,按裂缝宽度大小及裂缝边缘的破坏情况分为轻、重两种等级。纵裂的计量按长度计算,并按0.2m的影响宽度换算成损坏面积。

图2-8 纵向裂缝

轻度纵裂:缝细、裂缝壁无散落或有轻微散落,无支缝或有少量支缝,裂缝宽度在3mm以内。

重度纵裂:缝宽、裂缝壁有散落、有支缝,主要缝宽大于3mm。

纵裂长度按裂缝长度实地丈量或目测估计,如同一条裂缝的不同部分损坏程度不同,应根据不同的损坏程度分段测量和统计。

纵裂产生的主要原因之一是疲劳损坏。在重复荷载作用下,路面承载能力逐渐不足,就会在经常承受荷载的路面轮迹带处首先产生多条平行的小纵裂,逐渐发展就会成为龟裂。

由于不均匀沉降和裂缝的反射作用也会在路表产生纵缝。在半填半挖路基的分界处、新旧路结合部或路面加宽处,由于路基压实不够,发生不均匀沉降,就会这些位置产生纵向裂缝。

混合料摊铺时纵向施工搭接质量不好,或者老路面层纵向裂缝的反射作用,往往会在路面的中线处产生纵裂。根据纵裂发生的位置、严重程度,可以帮助判断纵裂发生的原因。

2.3.1.4　横向裂缝

横向裂缝（图2-9）是与道路中线近似垂直的裂缝，有时伴有少量支缝。按裂缝宽度大小及裂缝边缘的破坏情况分为轻、重两种等级。横裂的计量按长度计算，并按0.2m的影响宽度换算成损坏面积。

图2-9　横向裂缝

轻度横裂：缝细、裂缝壁无散落或有轻微散落，无支缝或有少量支缝，裂缝宽度在3mm以内。

重度横裂：缝宽、裂缝贯通整个路面、裂缝壁有散落并伴有少量支缝，主要缝宽大于3mm。

横裂长度按裂缝长度实地丈量或目测估计，如同一条裂缝的不同部分损坏程度不同，应根据不同的损坏程度分段测量和统计。

横裂产生的主因是温度变化。如果沥青劲度过大或沥青变硬，在气温下降的时候就容易在垂直于行车方向形成间距大致相同的横向裂缝。因此在气候寒冷地区横缝是一种较为常见的裂缝形式。由低温收缩产生的横向裂缝是自上往下发展的，初期裂缝一般细且浅。

横裂也有可能是一种反射裂缝。半刚性基层裂缝或旧路面裂缝的反射裂缝也是沥青路面产生横向裂缝的一个重要原因。由于反射裂缝产生的横向裂缝是一种自下而上发展的裂缝，因此反映到路面表面时裂缝已经贯穿了整个路面结构。沥青路面与构造物连接处填土压实不足、固结沉陷等也易在相应的位置产生横向裂缝。

根据裂缝发生的位置、深度及是否等间距发生可以大致判断横裂发生的具体原因。

2.3.1.5 坑槽

坑槽(图2-10)是局部集料丧失而在路面表面形成的坑洞，可深及不同的路面结构层次。按坑槽的深浅及有效面积的大小，将坑槽分为轻、重两个等级，损坏按面积进行计量。

图2-10 坑槽

轻度坑槽：坑浅，有效坑槽面积在0.1m^2以内(约0.3m×0.3m)。

重度坑槽：坑深，有效坑槽面积大于0.1m^2(约0.3m×0.3m)。

坑槽的有效面积按坑槽外接矩形面积计量。

坑槽通常是其他病害如龟裂、松散等未及时处理而逐渐发展形成的。当车轮驶过龟裂、松散等病害区域时有时会带走其中已经碎裂的小块面层材料，坑槽就会出现。坑槽的深度可深可浅，浅的坑洞仅限于路面表层，往往是表面松散发展的结果。

深的坑洞可深至整个面层结构,一般是由龟裂发展而成。随着水分的进入,在行车荷载的作用下,坑槽的面积和深度都会不断扩大。

单独发生的坑槽可能是由于路面施工质量不好如压实不足、上面层厚度不够引起的,也可能是由水损坏引起。这种类型的坑槽多发生在面层较厚的高等级沥青公路上。

坑槽是严重影响路面行驶质量和威胁路面行驶安全性的一种病害。因此一般出现坑槽后需要立即进行修补。

2.3.1.6　松散

松散是一种从路面表面向下不断发展的集料颗粒流失和沥青结合料流失而造成的路面损坏(图2-11)。松散按损坏严重程度的不同分为轻、重两种等级,按面积计量。

图2-11　松散

松散轻:路面细集料散失,出现脱皮、麻面等表面损坏。

松散重:路面粗集料散失,表面出现脱皮、麻面、露骨、剥落、小坑洞等损坏。

松散是由于沥青和集料之间失去黏结而产生的。沥青混合料中沥青用量偏少、低温施工或沥青和集料黏结性差、沥青老化变硬、压实不足或局部集料级配不均匀,都有可能在沥青路面表面形成松散。

沥青路面的松散不仅造成面层的磨耗、厚度降低，而且松散路面的积水、散落的集料对路面安全性有潜在的威胁。

2.3.1.7　沉陷

沉陷是路面表面产生的大于10mm的局部凹陷变形(图2-12)，是沥青路面主要结构性破坏形式之一。按沉陷深度大小及对行车舒适性的影响将此类损坏分为轻、重两个等级，

图2-12　路面沉陷

轻度沉陷：深度在10～25mm之间，正常行车无明显感觉。

重度沉陷：深度大于25mm，正常行车有明显感觉。

沉陷损坏按面积计量。不太严重的路面沉陷有时不易发现，有经验的调查人员往往会通过观察路面标线是否发生扭曲来判断是否有路面沉陷发生。雨后调查也有助于发现路面沉陷损坏，因为在雨后沉陷处一般会产生积水。

沉陷产生的主要原因是路基不均匀沉降、路面局部开挖回填压实不足或桥涵台背填土不实。路面基层结构损坏或不稳定也会产生路面的局部沉陷变形。

路面沉陷直接影响道路行车舒适性及安全性，因此出现后必须及时进行修复。

2.3.1.8　车辙

车辙是在沥青路面表面形成的沿轮迹方向大于10mm的纵向凹陷(图2-13)。按车辙深度的不同分为轻、重两个等级,损坏的计量按长度计算,并按0.4m的影响宽度换算为损坏面积。

图2-13　路面车辙

轻度车辙:辙槽浅,深度在10~15mm之间。

重度车辙:辙槽深,深度15mm以上。

车辙长度可实地丈量或目测估计,车辙深度可用直尺架在车道上测定直尺与车辙底部的距离。一般来说直尺长度应不短于车道宽度。

车辙可分为结构性车辙、流动性车辙、压实性车辙及磨损性车辙。结构性车辙指的是路面结构层及土基在行车重复荷载作用下,材料压缩产生的永久累积变形,车辙断面一般呈两边高中间低的V形,同时常伴有龟裂和坑槽发生。流动性车辙是炎热季节仅在沥青混凝土层内产生的侧向流动变形而形成的车辙,车辙断面一般呈W形,轮迹带处下陷周边隆起。压实性车辙是指由于路面施工缺陷如混合料温度过低、压实次数过少等造成沥青层压实度不足,而在行车作用下进一步压密产生的车辙,这类车辙断面一般也呈W形。磨耗性车辙是指由于重载渠化交通对路面的磨耗作用形成的车辙。

车辙也是沥青路面的结构性破坏形式之一,多见于分道行驶、面层结构较厚的高等级公路,而在普通公路上较为少见。车辙会导致行车舒适性的降低,雨天车辙的积水对行车安全性也有极大的威胁。

高速公路和一级公路有单独的车辙指标,因此在损坏调查时无需调查此类损坏。

2.3.1.9　波浪拥包

波浪拥包(图2-14)指的是由于局部沥青面层材料移动而在路表面形成的有规律的纵向起伏,波峰和波谷间隔很近。波浪拥包是一种对路面行驶质量影响较大的病害形式。按波峰波谷的大小不同将此类损坏分为轻、重两个等级,按波浪拥包涉及的面积大小计量损坏。

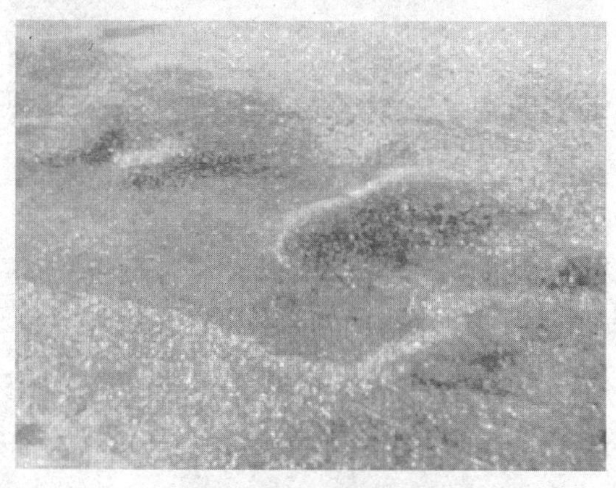

图2-14　波浪拥包

轻度波浪拥包:波峰波谷高差小,高差在10~25mm之间。

重度波浪拥包:波峰波谷高差大,高差大于25mm。

波浪拥包产生的首要原因是路面材料及设计与施工缺陷。材料组成设计差如油石比过大、细料过多、施工质量差,使面层材料不足以抵抗车轮水平力的作用;或者是面层与基层之间存在不稳定夹层,面层在行车荷载作用下推移变形就会形成波浪拥包。有时路基冻胀也会在路面局部形成拥包。

2.3.1.10　泛油

路面混合料中的沥青向上迁移到路表面，形成一层有光泽的沥青膜，就被称为泛油（图2-15）。泛油损坏不分严重程度等级，按泛油涉及的面积计量。泛油是影响道路行驶安全性的主要病害之一。

图2-15　泛油

泛油主要是由于沥青材料或设计缺陷造成的。沥青含量过多，混合料中空隙过少、拌和控制不严，沥青高温稳定性差，是产生泛油的主要原因。施工时黏层油用量不当，或雨水渗入使下层沥青与石料剥离，在动水作用下，沥青膜剥落上浮也会形成路面表面的泛油。

泛油一般发生在天气炎热时，天冷时又不存在逆过程，因而沥青永久地积聚在路表面，造成路面抗滑能力降低。

2.3.1.11　修补

修补（图2-16）指因龟裂、坑槽、松散、沉陷、车辙等损坏处理后在路面表面形成修补部分，除裂缝修补外其余均按修补涉及的面积计量，裂缝修补按长度计量，并按0.2m的影响宽度换算为损坏面积。

图2-16 修补

2.3.2 水泥路面损坏类型及识别方法

水泥路面是高等级公路常用的路面结构形式之一,分为有接缝水泥混凝土路面和无接缝水泥混凝土路面,但后者较为少见。以下讨论的也主要是有接缝水泥混凝土路面的损坏类型和识别方法。

美国LTTP研究项目将有接缝水泥路面的损坏分为裂缝、接缝缺陷、表面缺陷和混合损坏4大类,裂缝类损坏又细分为板角断裂、耐久性裂缝(D形裂缝)、纵向裂缝、横向裂缝4种,接缝缺陷类损坏细分为接缝损坏、纵向接缝碎裂、横向接缝碎裂3种,表面缺陷类损坏细分为地图状裂缝或剥落、集料磨光、坑洞等3种,混合类损坏细分为拱起、错台、路肩下沉、路肩与路面板脱离、修补及修补损坏、泌水和唧泥等6种损坏。

英国路面管理系统(UKPMS)的粗略调查中将水泥路面损坏分为纵向接缝料缺损、横向接缝料缺损、横向接缝损坏、纵向接缝损坏、表面损坏、沉陷、裂缝、沥青修补等,所有损坏不分轻重;在详细调查中将水泥路面损坏分为纵向接缝料缺损、横向接缝料缺损、横向接缝破碎、横向裂缝错台、横向裂缝边开裂、纵向接缝破碎、纵向错台、纵向接缝边开裂、表面损坏、局部沉陷、整体沉陷、单条裂缝、多条裂缝、沥青修补等，部分损坏分严重程度等级。

我国1994年颁布的《公路养护质量检查评定标准》中将水泥路面分为11类损坏：沉陷、严重破碎板、坑洞、板角断裂、露骨、拱起、平整度差、错台、唧泥、裂缝、接缝养护差，所有损坏不分严重程度等级。

在2002年颁布的《高速公路养护质量检评办法》中，去掉了“沉陷”以及在行驶舒适性评价指标中已考虑过的“平整度差”这两种损坏类型，增加了“边角剥落”和“修补损坏”，将“严重破碎板”、“露骨”及“接缝养护差”改为内涵更丰富的“破碎板”、“层状剥落”及“接缝料损坏”，同时考虑损坏的严重程度，将各类损坏进一步分为2~3个等级。为方便统计，以混凝土板块为损坏统计单位，所有损坏的计量均按块或条来统计，同一板块上出现多种损坏时按最严重的损坏计。

新的公路技术状况评定标准在2002检评方法的基础上，将“层状剥落”改回为“露骨”，同时充分考虑水泥混凝土路面为刚性路面的特点，以及裂缝、板角断裂、边角剥落、坑洞和层状剥落修补后对路面结构和使用性能的影响，将该类损坏的修补仍作为一种损坏形式，将原损坏类型中的“修补不良”改为“修补”，使评价结果能充分反映实际的路况水平。此外，为将破损调查统计的计量单位统一为实际养护的计量单位，将损坏计量方法由块、条分别改为面积和长度，使路况检查评价能与日常养护工作有机的结合起来，减少养护管理人员工作量，同时为路面养护管理提供决策所需数据。

以下详细介绍这11类20种损坏的定义、识别方法、计量方法及产生原因。

2.3.2.1 破碎板

破碎板(图2-17)指混凝土板被多条裂缝分为3个以上板块，损坏按水泥板整块面积计量。根据破碎板块的活动情况，将损坏分成轻、重两种等级。

图 2-17 破碎板

轻：破碎板未发生松动和沉陷。

重：破碎板块有松动、沉陷和唧泥等现象。

破碎板是较为严重的一种损坏形式，通常是在重载作用下裂缝进一步发展的结果。在荷载的作用下，破碎板会进一步破碎直至完全失去整体性。

2.3.2.2 裂缝

裂缝指板块上只有一条横向、纵向或不规则的斜裂缝(图 2-18)，按长度计量，用 1.0m 的影响宽度换算成损坏面积。按裂缝缝宽及边缘碎裂情况分为轻、中和重三个等级。

图 2-18 裂缝

轻:裂缝较窄、小于3mm,裂缝处未剥落,裂缝未贯通板厚。

中:裂缝宽度3~10mm,裂缝边缘有碎裂现象。

重:裂缝较宽,大于10mm,边缘有碎裂并伴有错台出现。

裂缝通常由于收缩应力、重载反复作用、温度或湿度翘曲应力、丧失地基支撑等因素单独或多种因素综合作用而产生。施工时切缝不及时也会导致水泥混凝土裂缝出现。

2.3.2.3 板角断裂

板角断裂(图2-19)指水泥混凝土的板角被与纵横接缝相交且交点距离等于或小于板边长度一半的裂缝从板体断开。损坏按断裂板角的面积计量。按裂缝宽度和板角的松动程度分为轻、中和重三种等级。

图2-19 板角断裂

轻:裂缝宽度小于3mm,裂缝未破碎,断裂处未出现错台。

中:裂缝宽度在3~10mm,裂缝边缘有碎裂现象。

重:裂缝宽度大于10mm,裂缝边缘有碎裂现象,并伴有错台或沉陷现象。

板角断裂需和斜向裂缝区分开来,主要看裂缝与纵横缝交点的距离是否小于板边长度的一半。板角是水泥路面较薄弱的部位,由于施工的原因,板角相对于其他部位来说强度稍低,但却处于不利的受力位置，因此在重载反复作用及温度和湿度翘曲应力作用下，再加上地基软弱、唧泥和传荷能力差等因素，就会出现板角断裂损坏。

2.3.2.4 错台

错台指水泥混凝土路面板的纵向或横向接缝两边板块出现大于5mm的高差(图2-20)，损坏按发生错台的接缝长度计量，换算成损坏面积时乘以1m的影响宽度。根据错台两边高差的大小，分为轻和重两个等级。

图2-20 错台

轻：高差小于10mm。

重：高差10mm以上。

在唧泥发生和发展的过程中，带有基层被冲蚀材料的高压水把这些材料冲积在近进板的脱空区域内，使该板升高，而驶离板由于板下基层材料被冲蚀而下沉，由此产生错台。此外，在施工时胀缝的填缝板未予牢固固定，在振捣时被振歪或使缝壁倾斜，或接缝的上部填缝料同下部接缝板未能对齐，两板在伸胀挤压过程中也会导致错台。

错台是水泥路面最为常见的损坏之一，也是造成水泥路面行驶舒适性下降的主要原因之一。

2.3.2.5　唧泥

唧泥指水泥板块在车辆驶过后，接缝处有基层泥浆涌出（图2-21）。损坏按唧泥处接缝的长度计量，换算成损坏面积时乘以1m的影响宽度。损坏不分严重程度。

图2-21　唧泥

唧泥的明显标志是接缝附近的路面表面有污渍或基层材料沉积物。

唧泥通常是由于板下基层材料受到有压水的冲蚀，泥浆在荷载作用下随之从接缝或裂缝中唧出，唧泥的出现是由于接缝填封的失效而引起水的下渗，板底面与基层顶面的脱空，基层材料不耐冲刷和重载的反复作用引起的。唧泥会使板边缘的基础部分失去支撑能力，在轮载重复作用下最终将导致板的断裂。

2.3.2.6　边角剥落

边角剥落（图2-22）指沿接缝方向的板边出现裂缝、破碎或脱落现象，裂缝面一般不是垂直贯穿板厚，而是与板面成一定角度。损坏按发生剥落的接缝长度计量，换算成损坏面积时乘以1m的影响宽度。按剥落的深度分为轻、中和重三个等级。

轻：浅层剥落。

中：中深层剥落，接缝附近水泥混凝土多处开裂。

图 2-22 边角剥落

重:深层剥落,接缝附近水泥混凝土多处开裂,深度超过接缝槽底部。

边角剥落是由于接缝内进入坚硬材料而妨碍了板的膨胀变形,接缝处混凝土强度不足,传荷设施(传力杆)设计或设置不当(未正确定位、锈蚀等),接缝施工质量差,重载反复作用等造成的。

2.3.2.7 接缝料损坏

由于接缝的填缝料老化、剥落等原因,填料不密水或接缝内已无填料,接缝被砂、石、土等填塞(图2-23)。按出现接缝料损坏的

图 2-23 接缝料损坏

接缝长度计量，换算成损坏面积时乘以 1m 的影响宽度。按接缝料剥落的程度分为轻、重两个等级。

轻：填料老化，不密水，但尚未剥落脱空，未被砂、石、泥土等填塞；

重：三分之一以上接缝出现空缝或被砂、石、土填塞。

接缝料被挤出、老化、腐蚀及杂草生长是产生填缝料损坏的主要原因。填缝料损坏可能使水或坚硬材料进入而导致唧泥、碎裂和拱起等损坏出现。

2.3.2.8　坑洞

板面出现有效直径大于 30mm、深度大于 10mm 的局部坑洞（图 2-24），损坏按单个坑洞外接矩形面积或坑洞群所涉及的面积计量。损坏不分轻重。

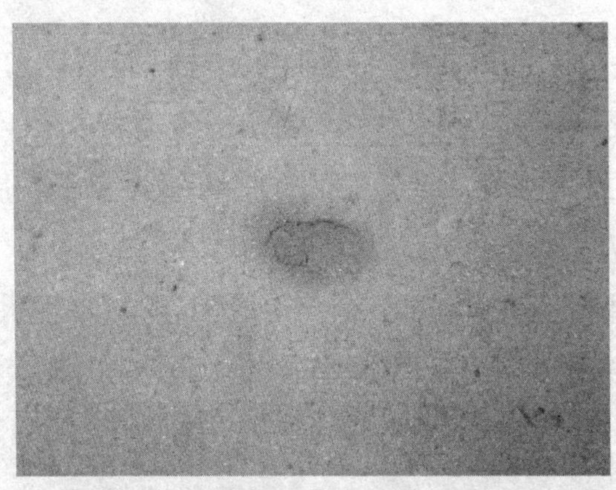

图 2-24　坑洞

施工质量差或浇筑的混凝土砂石材料含泥量过大，夹带朽木、纸张、泥块等杂物，以及行驶的某些车辆、机械的金属硬轮对路面产生撞击都可造成坑洞的产生。

2.3.2.9　拱起

拱起损坏指横缝两侧的板体发生明显抬高，高度大于 10mm，损坏按拱起所涉及的板块面积计算。损坏不分轻重。

在春季或炎热夏季，横缝处板块出现突发性的向上隆起，有时往往伴随出现板块横向断裂。缝隙内落入坚硬材料，板块受阻而产生很大压应力，促使板块失稳，就会出现拱起现象。

2.3.2.10　露骨

露骨指板块表面出现细集料散失、粗集料暴露或表层松疏剥落等现象（图 2-25），损坏按面积计量，损坏不分轻重。

图 2-25　露骨

露骨主要是由于混凝土表面灰浆不足，洒水提浆造成混凝土路面表层强度不足引起的。

2.3.2.11　修补

裂缝、板角断裂、边角剥落、坑洞和层状剥落等损坏的修补面积（图2-26）或修补影响面积（裂缝修补按长度计算，影响宽度为

图 2-26　修补

0.2m)，损坏不分轻重。修补后又出现损坏，按原损坏类型分类统计。

2.3.3 砂石路面损坏类型及识别

砂石路面又称无铺装路面。世行 HDM 系列研究报告将无铺装路面的损坏分为车辙、搓板、横坡不适、冲沟、坑洞和浮土等类型。由于砂石路面表面不是一种整体结构，因此没有沥青和水泥路面中最常见的裂缝损坏。

我国 1994 年颁布的《公路养护质量检查评定标准》中将砂石路面的损坏分为 9 类：松散、坑槽、车辙、翻浆、沉陷、露骨、波浪与搓板、横坡不适及平整度差。由于高速公路没有砂石路面这种损坏形式，因此在《高速公路养护质量检评办法》中未涉及砂石路面损坏的分类方法。

新的公路技术状况评定标准在 1994 版评定标准的分类基础上，去掉了“松散”、“翻浆”和“平整度差”这 3 种损坏类型，将“横坡不适”改为更通俗的“路拱不适”。因此在新标准中将砂石路面的损坏类型分为 6 类。所有损坏不分严重程度等级。

2.3.3.1 路拱不适

路面横坡过大或过小，小于 2% 或大于 4%，或路面中线偏移，或应设超高而无超高或反超高。按沿行车方向的长度计量，换算为损坏面积时乘以 3.0m 的影响宽度。

路拱不适主要是由于施工时路面高程控制不严造成的，或是由于设计的原因引起。

2.3.3.2 沉陷

路面表面的局部凹陷，按面积计量。

沉陷通常是由于路基承载力不足，路基土或基层材料的不均匀沉降，路基压实不足或路堤边坡失稳等引起的。

2.3.3.3 波浪搓板

峰谷高差大于30mm的搓板状纵向连续起伏,按面积计量。

通常沿轮迹带较为显著,在加速和减速路段(如转弯处、上坡、下坡和交叉口处)较易出现。面层混合料组成不当或施工不当等,都会引起波浪搓板的产生。

2.3.3.4 车辙

轮迹处深度大于30mm的纵向带状凹槽,按沿行车方向的长度计算,换算成损坏面积时乘以0.4m的影响宽度。

砂石路面车辙是由于路面或路基强度不足,道路结构过分潮湿,行车荷载反复作用造成的。

2.3.3.5 坑槽

路面上深度大于30mm、直径大于0.1m的坑洞,按坑槽外接矩形面积计量。道路结构强度不足,含水量过大和行车的作用,是产生坑槽的主要原因。

2.3.3.6 露骨

表面黏结料和细集料散失,主骨料外露,按面积计量。

2.4 桥隧构造物损坏类型及识别

《公路技术状况评定标准》规定桥隧构造物的技术状况评定,按《公路桥涵养护规范》(JTG H11—2004)及《公路隧道养护技术规范》(JTG H12—2003)评定的技术等级进行扣分和评价,无需另外的损坏调查。

2.5 沿线设施损坏类型及识别

公路沿线设施包含的内容很多,如交通安全设施、公路标志、路面标线、监控和通信设施、收费设施、养护房屋以及其他设施。但在公路技术状况评定中一般只考虑对公路使用性能直接有影响的部分设施的损坏情况。

我国1994年颁布的《公路养护质量评定标准》将沿线设施损坏分为标志缺损、安全设施损坏、标线不完整三类，将绿化损坏分为空白路段、护管不善两类。

在2002年颁布的《高速公路养护质量检评办法》中，将沿线设施及绿化部分合并统计，并增加了“收费站服务区管理不善”和“紧急电话缺损”这两类高等级公路特有的损坏类型，将“安全设施损坏”细分为“防撞护栏缺损”、“隔离栅损坏”，从而将沿线设施分为8种损坏类型，其中“防撞护栏缺损”分为轻和重两个严重程度等级，其他损坏不分严重程度等级。

新的公路技术状况评定标准，在2002检评办法的基础上去掉了不易统计且本身对公路使用性能影响不大的“收费站服务区管理不善”；考虑到手机的普及，紧急电话已逐渐被淘汰，“紧急电话缺损”这一损坏类型也被删除。此外还将“防撞护栏缺损”改为涵盖范围更广的“防护设施缺损”，从而将沿线设施损坏类型定义为5类，其识别方法如下所述。

2.5.1 防护设施缺损

防护设施缺损指防撞护栏、防落网、声屏障、中央分隔带活动护栏和防眩板等缺少、损坏或损坏修复后部件尺寸和安置质量达不到规范的技术要求（图2-27）。损坏按处计量。按损坏长度分为轻和重两个等级。

轻：损坏长度小于或等于4m。

重：损坏长度大于4m。

防护设施是保障公路行车安全的重要设施，其损坏多为汽车撞击或人为因素造成。

2.5.2 隔离栅损坏

隔离栅缺口或损坏后修复质量达不到规范的技术要求，损坏

图2-27 防护设施损坏

按处计算。损坏不分轻重。

隔离栅是高速公路特有的安全防护设施，它的作用主要是封闭高速公路，防止行人进入高速公路范围内。

2.5.3 标志缺损

各种交通标志（指示标志、警告标志、禁令标志、里程牌、轮廓标、百米标等）残缺、位置不当或尺寸不规范、颜色不鲜明、污染，可变信息板故障等。损坏按处计算。其中轮廓标和百米标每3个损坏算1处，同一路段累计不足3个按1处统计。损坏不分轻重。

2.5.4 标线缺损

标线缺少或损坏，按长度计量，同一路段累计长度不足10m按10m计。

行车对标线的磨损、污染是造成标线缺损的主要原因。

2.5.5 绿化管护不善

树木或花草枯萎，路段缺树，虫害未及时防治，或绿化带未及时修剪或有杂物，或存在应绿化而未绿化的路段。损坏按沿行车方向的长度计算，同一路段累计长度不足10m按10m计。

3　公路技术状况评价指标

3.1　概　　述

《公路技术状况评定标准》(JTG　H20—2007)要求评定路面、路基、桥隧构造物和沿线设施四部分公路资产的技术状况。公路技术状况评定的核心问题是,用何种指标及如何准确描述公路资产各组成部分的损坏状况和完好程度。

本章在分析国外公路技术状况评价方法、回顾国内公路损坏评定指标的基础上,根据我国公路损坏类型,结合公路技术状况评定和公路养护管理的实际需要,提出了包含路面、路基、桥隧构造物和沿线设施的四大类公路技术状况评价指标和包含道路平整度、路面损坏、路面结构强度、路面抗滑性能及路面车辙的五类路面使用性能分项评价指标。

3.2　国外评价指标

公路技术状况评价技术的发展与公路检测技术、检测装备和养护管理需求密切相关。在20世纪60年代以前,路面数据主要依靠人工检测,路面使用性能评价多采用平整度离散度、裂缝度和车辙深度等统计指标。统计值的特点是直观但不同指标之间无法进行直接的比较分析。

20世纪60年代初期,美国实施了AASHO道路试验,提出了路面使用(服务)性能评价指标,建立了PSI(Present Serviceability Index)路面评价模型。PSI评价模型的建立标志世界范围路面使用性能评价技术研究的开始,对路面养护管理技术的发展有着深远的影响。在随后的20多年里,随着检测技术的进步、装备水平的提高和路面管理系统(PMS：Pavement Management System)的深入研究及广泛应用,许多国家(包括加拿大、英国、芬兰、法国、日本)和国际机构(世界银行)先后提出了不同的路面评价指标,建立了不同类型的路面评价模型,其中包括加拿大的行驶舒适性指数(RCI:Riding Comfort Index)、英国的道路状况指数(RCI:Road Condition Indicator)、日本的养护管理指数MCI(Maintenance Control Index)和美国军事机构开发的路面状况指数PCI(Pavement Condition Index),上述路面评价模型包含了多变量模型和单参数模型。为了总结国外公路技术状况评价技术及经验,本节将主要分析美国的PSI和PCI、日本的MCI和英国的RCI等几种典型的路面评价模型。

3.2.1 路面使用性能指数(PSI)

在世界公路管理史上,第一个路面使用性能评价模型是美国研究人员基于AASHO道路实验近10年的观测数据,于20世纪60年代中期提出的PSI路面服务性能指数。在随后的许多年里,根据AASHO实验结果和PSI模型结构及参数,许多国家和地区如加拿大、英国、日本等的研究部门分别建立了不同用途的路面使用性能评价模型。这些模型的共同特点是将客观数据与标准统一的评价尺度建立联系,利用统一的标尺评价不同的路面损坏。

路面服务性能指数PSI是AASHO道路试验的重要研究成果之一,也是在公路养护管理中采用专家技术建立路面评价模型的成功范例。在建立PSI模型时候,研究人员把与公路有关、职业不同的各种评价人员,如道路建设人员、道路养护人员、汽车运输人员、汽车制造人员组织一个由多人组成的专家组。通过道路现场评价,确定每个试验路段的专家评价结果。在进行专家调查评价的同时,道路检测人员对试验路段的路面损坏进行调查与检测,随后用数学方法建立路面损坏与专家评价结果之间的数学关系,确定相关参数,形成路面服务能力指数 PSI,如式(3-1)~式(3-2)。

$$PSI=5.03-1.91\log(1+SV)-0.01\sqrt{C+P}-0.21RD^2 \quad (沥青) \quad (3\text{-}1)$$

$$PSI=5.41-1.80\log(1+SV)-0.05\sqrt{C+3.3P} \quad (水泥) \quad (3\text{-}2)$$

式中:SV——轮迹处平整度离散度;

C——裂缝度,$m^2/1\,000m^2$;

P——修补度(Patching),$m^2/1\,000m^2$;

RD——车辙深度,cm。

式(3-1)~式(3-2)模型包含了4个可变参数,即平整度、表面裂缝、路面修补度和车辙。在四个路面评价影响因素中,路面裂缝与车辙占很小的比重,这两种因素的变化对PSI产生微小影响;相反,平整度(SV)对PSI,尤其是当SV在10以下时影响显著。从模型参数(权重)看,PSI模型实际上是与平整度主相关的行驶舒服性模型。

PSI模型反映了20世纪60年代美国公路管理的技术条件、公路部门对不同路面损坏的重视程度及研究人员的建模思路。美国研究人员将当时所能检测到的所有指标(4项参数)与PSI建立了联系,使PSI的评定结果能客观地反映路面的整体技术状况,但又无法确定哪项具体的指标导致了PSI评价结果变好或变坏。

3.2.2 养护管理(控制)指数(MCI)

日本道路协会(1978)根据AASHO的PSI建模方法,结合日本的路面损坏特点,去掉了路面修补度,将路面裂缝度换成路面裂缝率,标定了美国的PSI模型参数,形成了式(3-3)的PSI模型,并提升为日本的道路养护技术规范指标。

$$PSI=4.53-0.518\log\sigma-0.371\sqrt{C}-0.174D^2 \quad (3\text{-}3)$$

式中:σ——纵向平整度标准偏差,mm;

C——裂缝率,%;

D——车辙深度,cm。

与美国PSI相反,日本PSI模型重视路面裂缝和路面车辙,道路平整度仅占较轻的比重。日本模型反映了20世纪70年代末期日本路面的技术状况和公路管理部门所重视的主要因素。

日本建设省土木研究所研究员(饭岛等,1981)在参考美国和日本 PSI 基础上,研究开发了养护管理(控制)指数 MCI(Maintenance Control Index)。与美国 PSI 不同,饭岛等采用的专家组是由道路管理人员组成的,现场评价的目的也仅考虑道路平整度、路面裂缝率和路面车辙对道路养护管理和养护需求的影响。通过 3 年 138 个道路实验路段的数据观测,共取得了 1808 组试验数据,利用这些数据经过数学统计处理,得到了式(3-4)~式(3-7)的 MCI 路面评价模型。

$$MCI = 10 - 1.48C^{0.3} - 0.29D^{0.7} - 0.47\sigma^{0.2} \tag{3-4}$$

$$MCI_0 = 10 - 1.51C^{0.3} - 0.30D^{0.7} \tag{3-5}$$

$$MCI_1 = 10 - 2.23C^{0.3} \tag{3-6}$$

$$MCI_2 = 10 - 0.54D^{0.7} \tag{3-7}$$

式中:MCI——养护管理指数,0~10;

C——裂缝率,%;

D——车辙深度,mm;

σ——平整度,mm。

日本 MCI 模型由 4 种关系组成,按照饭岛等的解释,多个关系模型的联合使用能使评价结果更接近于道路的实际状况。

在日本 MCI 的模型中,道路平整度占很小比重,其影响效果与日本道路养护技术规范的 PSI 基本相似,因此去掉式(3-5)的平整度参数认为是合理的。在特殊路段上如单项指标突出时,采用式(3-6)或式(3-7)会得出更合理的评价结果。日本 MCI 考虑了多种关系模型以求准确处理不同的路面状况,同时也给应用带来了混乱。日本的 MCI 模型是美国 PSI 建模思路的延续,但也包含了些模糊不定的创新意识:将路面损坏因素分离开来,用单变量构建路面评价模型。

桥本(1986)研究建立了单因素的行驶舒适性指数 RCI(Riding Comfort Index)[式(3-8)],从而弥补日本 MCI 模型不充分反映道路平整度对道路用户的影响。日本 RCI 模型是一个典型的单因素路面评价模型,缺陷是当平整度大于一定的数值时,RCI 会给出不合理评价结果。

$$RCI = 10 - 1.70\sigma \tag{3-8}$$

式中：RCI——舒适性指数；

σ——平整度，mm。

3.2.3 路面状况指数(PCI)

以上模型的共同特点是，用回归技术建立路况指标与专家评价的直接关系。实际上用专家法建模还有另一种方法，即扣分法。这种方法为美国军队工程研究实验室首先采用。用扣分法建立的路面状况评价模型PCI(Pavement Condition Index)实际上是一种单因素非线性关系模型，如式(3-9)。PCI模型考虑了每种损坏的损坏扣分和重复损坏影响。

$$PCI = 100 - \sum_{i=1}^{p}\sum_{j=1}^{m(i)} A(T_i, S_j, D_{ij})F(t,p) \tag{3-9}$$

式中：PCI——路面状况指数；

A——破损类型 $T(i)$，严重程度 $S(j)$ 及损坏密度 $D(ij)$ 时的扣分值；

i——破损类型；

j——严重程度；

p——总破损类型；

$m(i)$——第 i 种破坏的损坏数量；

$F(t,q)$——重复损坏修正系数。

PCI模型的扣分值和单项重复损坏修正系数(0~1.0)是根据专家经验确定的，好处是能够精确地计量和确定由多种损坏所导致的总体损坏程度，问题是必须准确取得不同损坏的扣分值和相关重复损坏修正系数。

3.2.4 道路状况指数(RCI)

英国路况检测评定规范(Roads Board，2007)采用基于SCANNER Surveys的道路状况指数RCI(Road Condition Indicator)多参数评定模型，来描述英国公路网的路面使用性能。

道路状况指数RCI是一个综合指数，为了计算RCI需要采用

SCANNER Surveys 快速检测技术及设备检测如下路面数据：

——3m 和 10m 纵断面平整度的行驶质量数据；

——左右车辙深度；

——路面纹理深度；

——车道裂缝率(Cracking Intensity)；

——轮迹处裂缝率。

英国 SCANNER 为上述检测指标各规定了下限和上限两个标准值。检测数据低于下限时表示路面完好，不需要养护；高于上限时表示进一步的路面损坏不会增加 RCI 评价结果；在下限和上限之间，RCI 呈线性变化。

根据上述各项指标检测数据，以 10m 为单位，分别计算各检测指标的 RCI(0～100)值，各 RCI 计算结果与规定的检测指标权重(Relevance)和可信性因数(Reliability factors)相乘并累加得到 10m 分路段的综合 RCI[式(3-10)]。

$$\mathrm{RCI}=\sum_{i=1}^{5}\mathrm{RCI_i}W_{\mathrm{i}}F_{\mathrm{i}} \tag{3-10}$$

式中：RCI——道路状况指数；

$\mathrm{RCI_i}$——第 i 类检测指标的道路状况指数；

W_{i}——检测指标权重；

F_{i}——可信性因数。

根据综合 RCI 评价结果，通过算术平均，可计算区间、路线及公路网的道路状况指数 RCI。根据 RCI 评价结果，英国路况检测评定规范将路面使用性能划分为绿(GREEN)、黄(AMBER)、红(RED)三种状态，分别代表路面使用性能完好、路面有损坏需要详细检测、路面损坏严重需要立即养护。

检测指标的下限、上限、权重和可信性因数都是基于公路工程师的经验确定的，上述标准和参数需要定期(每年)修正，所有标准值及参数都在英国运输部(DfT)网站上公布。

基于 SCANNER Surveys 的道路状况指数 RCI 是带有明显养护决策性质的路面评价模型。在建模方法上，较前几种方法更先进一步，基于经验的模型参数可方便地定期更新与维护，以满足不断变化的公路技术状况评价和公路养护管理需要。假如 RCI 模型参数和标准能少些对工程师经验的依赖、多些对公路网技术状况统计数据的联系,英国的这种建模方法是值得借鉴的。

3.3　国内评价指标

3.3.1　我国早期的路面评价模型

20 世纪 80 年代末期,在国外文献分析的基础上,根据我国沥青路面的损坏特点,交通部公路科学研究(院)所先后在河北和浙江等省市有关地区选择了试验路段,实施了路况调查和专家评价,采集了行驶舒适性和路面损坏等数据。虽然试验仅研究了道路平整度和路面破坏率两个因素,但由于存在多种模型结构,因此在确定模型形式之前,对上述试验数据进行了分类分析,设定了各种函数形式,分别对其进行单项分析,最后选择了相关性较好的 $D^{0.33}$ 和 $(\lg(1+\mathrm{BI}))^{8.49}$ 为模型变量,建立了式(3-11)的路面评价模型(潘等,1990)。式(3-11)是我国早期建立的路面评价模型,模型结构深受美国 PSI 的影响。

$$\mathrm{PCI} = 10 - a_1\mathrm{DR}^{0.33} - a_2[\lg(1+\mathrm{BI})]^{8.49} \tag{3-11}$$

式中:PCI——路面状况指数;

DR——路面破坏率,%;

BI——道路平整度(颠簸累积仪检测数据),mm/km;

a_1——模型参数,取 0.73;

a_2——模型参数,取 0.000 042 2。

河北路面评价试验同时对单向指标也进行了数据调查和模型研究,分别建立了路面破损率与专家评价及道路平整度与行驶舒适性的关系模型[式(3-12)~式(3-13)]。

$$\mathrm{PCI} = 10 - a_3\mathrm{DR}^{0.33} \tag{3-12}$$

$$\mathrm{PCI} = 10 - a_4[\lg(1+\mathrm{BI})]^{8.49} \tag{3-13}$$

式中:a_3——模型参数,取 2.21;

a_4——模型参数,取 0.000 054 1。

浙江的路面评价模型及参数见式(3-14)~式(3-17)。

$$PCI = 11.5 - a_1 DR^{0.25} - a_2 \times [\lg(1 + BI)]^{7.47} \tag{3-14}$$

$$PCI = 10 - a_3 DR^{0.25} \tag{3-15}$$

$$PCI = 10 - a_4 [\lg(1 + BI)]^{7.47} \tag{3-16}$$

$$IRI = a_5 BI^{0.729} \tag{3-17}$$

式中:IRI——国际平整度指数,m/km;

a_1——模型参数,取2.52;

a_2——模型参数,取0.000 16;

a_3——模型参数,取3.20;

a_4——模型参数,取0.000 277;

a_5——模型参数,取0.017 9。

3.3.2 路面管理系统(CPMS)评价模型

我国早期建立的PCI路面评价模型,既包含路面破损指标DR又包含行驶舒适性指标BI,在概念上存在模糊性。为此,路面管理系统CPMS(Pan,1999)及《公路养护技术规范》(交通部,1996,2001)采用了更清晰直接的分项指标建模方法[式(3-18)~式(3-19)]。

$$PCI = 100 - a_1 DR^{a_2} \tag{3-18}$$

$$RQI = 11.5 - a_3 IRI \tag{3-19}$$

式中:RQI——行驶舒适性指数(Riding Quality Index);

a_1——模型参数,取15.0;

a_2——模型参数,取0.412;

a_3——模型参数,取0.75。

为了修正RQI模型在结构上的缺陷(当IRI>16时RQI评价结果为负值),根据路面管理系统(CPMS)二期工程(山东)研究成果,提出了式3-20行驶舒适性模型,同时也实现了与PCI评价模型在值域上的统一(0~100)。

$$RQI = \frac{100}{1 + a_1 \exp(a_2 IRI)} \tag{3-20}$$

式中:a_1——模型参数,取0.018 5;

a_2——模型参数,取0.437。

路面管理系统(CPMS)二期工程(山东)研究成果(潘,1997)提出了路面结构强度评价模型[式(3-21)],将路面结构强度系数SSI与PCI和RQI实现了量纲一致。

$$\text{PSSI}=\frac{100}{1+a_1 e^{a_2 \text{SSI}}} \tag{3-21}$$

式中:PSSI——路面结构强度指数(0~100);

SSI——路面结构强度系数;

a_1——模型参数,取15.71;

a_2——模型参数,取-5.19。

为了研究公路养护质量评定方法,在大量观测试验的的基础上,李等(2004)将基于横向力系数的路面抗滑性能检测指标SFC与SRI(抗滑性能指数,0~100)建立了关系[式(3-22)],从而使所有路面使用性能指标有了统一的评价尺度。

$$\text{SRI}=\frac{100-\text{SRI}_{\min}}{1+a_1 e^{a_2 \text{SFC}}}+\text{SRI}_{\min} \tag{3-22}$$

式中:SRI——路面抗滑性能指数;

SFC——横向力系数;

$\text{SRI}_{\min}$——抗滑性能限值,采用25;

a_1——标定系数,采用266.0;

a_2——标定系数,采用-0.139。

3.3.3 基于快速检测技术及装备的评价模型

在高速公路普遍使用以前,我国的车辙现象并不严重,少量的路面车辙一般通过两米直尺人工确定。《公路沥青路面养护技术规范》将路面车辙与路面裂缝、坑槽等损坏视为同一类损坏类型,按面积(车辙长度×0.4m)和权重,通过路面破损率指标DR反映其对路面使用性能衰变的影响。

日积月累的渠化重载交通使高速公路和一级公路普遍显现了车辙,并且传统的人工检测手段无法满足不停车路面车辙检测的要求。因此,高速公路和一级公路路面车辙检测必须采用快速检测技术及设备。

路况快速检测技术及设备(潘,2007)能够以较高的检测密度、检测频率和车流速度快速采集大量的路面横断面数据。由于路面横断面数据易于采集而且路面车辙已经成为我国高速公路和一级公路的主要病害类型之一,为此李(2007)在系统分析我国路面车辙发生机理、损坏现状的基础上,通过对大量观测数据的研究,提出了式(3-23)的路面车辙评价模型 RDI。

$$\mathrm{RDI}=\begin{cases}100-a_0\mathrm{RD} & \mathrm{RD}\leqslant \mathrm{RD_a}\\ 60-a_1(\mathrm{RD}-\mathrm{RD_a}) & \mathrm{RD_a}<\mathrm{RD}\leqslant \mathrm{RD_b}\\ 0 & \mathrm{RD}>\mathrm{RD_b}\end{cases}\tag{3-23}$$

式中:RDI——路面车辙深度指数;

RD——车辙深度,mm;

$\mathrm{RD_a}$——强制性养护标准,采用 20mm;

$\mathrm{RD_b}$——车辙深度极值,采用 35mm;

a_0——模型系数,$a_0=2$;

a_1——模型系数,$a_1=4$。

路面损坏、道路平整度、路面车辙、抗滑性能和路面结构强度的评价结果,通过 w 权重累加,得到路面总体使用性能评价结果 PQI(式 3-24)。

$$\mathrm{PQI}=w_1\mathrm{PCI}+w_2\mathrm{RQI}+w_3\mathrm{RDI}+w_4\mathrm{SRI}+w_5\mathrm{PSSI}\tag{3-24}$$

式中:PQI——路面使用性能指数(Pavement Performance Index);

w_i——路面分项指标权重系数。

式(3-24)的路面使用性能评价模型 PQI 包含了比英国 RCI 模型更多的因素,但分项指标间的处理方法基本类同,不同的是 RCI 将路面的各分项指标也用 RCI 表示。英国 RCI 模型不考虑抗滑性能和路面结构强度因素是因为在网级公路技术状况评定中,SCANNER Suerveys 不检测和评价这两项指标。

3.4 MQI 指标体系

20 世纪 60 年代以来,国内外对公路评价技术的研究重点集中在路面使用性能上，研究的因素主要包括路面损坏、道路平整度、路面车辙、抗滑性能和路面结构强度，研究的背景则主要出于路面使用性能评定和路面养护管理尤其是路面管理系统应用的需要。

由于路面损坏、道路平整度、路面车辙、抗滑性能和路面结构强度等指标具有不同的值域，直接使用上述指标值不便于路面使用性能评定和公路养护管理，因此国内外几乎所有的路面评价模型均将上述指标与0~5、0~10或0~100的评价尺度联系起来，使各项指标的评价结果变得易于理解和容易掌握。

我国有20多年路面管理系统（CPMS）研究的基础，有系列的、具有统一评价尺度（0~100）的评价模型。因此，在《公路技术状况评定标准》中，对路面使用性能的评定可充分利用路面管理系统（CPMS）评价模型的研究成果，将路面使用性能用PQI表示，分项指标分别用PCI、RQI、RDI、SRI和PSSI表示。

国内外少有对路基、沿线设施等技术状况评定的文献资料。为了满足《公路技术状况评定标准》对路基、桥隧构造物和沿线设施技术状况评定的需要，根据“2　路损坏分类与识别”的路基、桥隧构造物和沿线设施损坏分类，依据PQI建模的基本方法，分别建立了值域为0~100的路基状况指数SCI、桥隧构造物指数BCI和沿线设施指数TCI（李，2004）。总体公路技术状况用公路技术状况指数MQI表示（图3-1）。

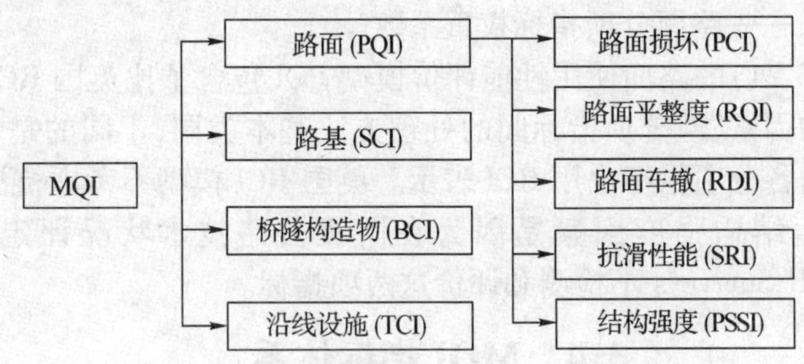

图3-1　公路技术状况评价指标体系

图中：

MQI——公路技术状况指数；

PQI——路面使用性能指数（Pavement Quality or Performance Index）；

SCI——路基技术状况指数（Subgrade Condition Index）；

BCI——桥隧构造物技术状况指数（Bridge, Tunnel and Culvert Condition Index）；

TCI——沿线设施技术状况指数（Traffic-facility Condition Index）。

公路技术状况指数（MQI）包括路面（PQI）、路基（SCI）、桥隧构造物（BCI）、沿线设施（TCI）4 项指标，其中路面（PQI）包含路面损坏（PCI）、道路平整度（RQI）、路面车辙（RDI）、抗滑性能（SRI）和路面结构强度（PSSI）5 个分项指标，共 4 大项 5 小项，各项指标的值域均为（0,100），分别代表理论上的最差和最好的路面使用性能或技术状况。

4　公路技术状况检测与调查

4.1　概　述

公路技术状况的检测与调查包括路面、路基、桥隧构造物和沿线设施等4部分内容(表4-1)。路面检测包括路面损坏状况、道路平整度、路面车辙、路面抗滑性能和路面结构强度等5项指标,其中,路面车辙和路面抗滑性能两项指标主要是针对高速公路和一级公路,路面结构强度为抽样检测指标;桥隧构造物调查包括桥梁、隧道和涵洞3类构造物。

公路技术状况检测与调查内容　　表4-1

检测内容	分项内容	备注
路面	路面损坏状况 道路平整度 路面车辙 路面抗滑性能 路面结构强度	抽样检测
路基	路基、路肩、边坡、边沟等	
桥涵构造物	桥梁、涵洞、隧道	
沿线设施	防护设施、标志、标线和绿化等	

到目前为止,国外已经先后研发出多种用于路面管理系统和公路技术状况评定的检测设备,并且已经投入实际应用。随着高速公路的不断扩展,交通量的迅速增长,车流速度的明显提高和路面管理系统的广泛应用,公路管理部门在公路养护管理过程中将不可避免地引进自动化的路面快速检测系统、科学的决策技术和先进的养护技术。本章在分析回顾国内外各类公路检测技术发展

历程的基础上，重点介绍《公路技术状况评定标准》（JTG H20—2007）规定的各分项指标的检测方法和相关检测设备。

4.2 路面损坏状况检测

4.2.1 路面损坏检测指标

路面损坏状况一般采用损坏类型、严重程度和损坏范围来表征。沥青路面的损坏类型包括龟裂、块裂、纵裂、横裂、坑槽、松散、沉陷、车辙、波浪拥包、泛油和修补；水泥混凝土路面的损坏类型包括破碎板、裂缝、板角断裂、错台、唧泥、边角剥落、接缝料损坏、坑洞、拱起、露骨和修补；砂石路面的损坏类型包括路拱不适、沉陷、波浪搓板、车辙、坑槽和露骨。

通过对上述路面损坏数据进行检测，根据路面的折合损坏面积和调查面积，可以计算路面破损率（DR）和路面损坏状况指数（PCI）。高速公路和一级公路，路面车辙是作为独立的检测和评价指标，用路面车辙深度指数（RDI）表示，与此同时，在计算 PCI 指标时，路面车辙损坏不再重复考虑。

4.2.2 路面损坏检测方法

《公路技术状况评定标准》（JTG H20—2007）规定：路面损坏状况检测，宜采用自动化的快速检测方法，当条件不具备时也可以采用人工检测方法。

1）人工检测

所谓人工检测，是指在封闭或不封闭交通的情况下，按照规定的损坏分类和识别方法，采用目测和简单工具丈量的方式，人工记录各种路面损坏的类型、严重程度和数量（长度或面积）。有条件的地区，还可以借助便携式路况数据采集仪（RCR）进行现场记录、汇总、计算与评定。

由于路面损坏人工检测的人为性较大,所以质量控制是实施这种检测方法的关键因素。为了避免人工检测标准的不统一,在进行检测之前,必须对所有检测人员进行方法和标准的培训,通过"培训—实习—培训"的方式使检测人员掌握路面损坏分类标准和测量方法,通过现场实习加深认识,使检测人员取得统一的标准。

在调查路面损坏状况的诸多方法中,人工检测方法应用最为广泛,它对于人力资源丰富的地区和低交通量及低等级公路具有相当的优势,但是在大交通量的高速公路和干线公路上使用,将会导致实际操作上(封路、安全、速度、精度)的诸多困难,不适应大规模公路检测的要求。

2)机器检测

从数据采集的效率和评价结果的准确性及重现性要求看,路面损坏状况检测自动化一直是一个主要研究和发展方向(Haas,1994)。在路面损坏自动化检测领域,目前以基于摄影/摄像和模式识别技术的图像检测方法应用最为广泛,其基本概念和工作流程如图 4-1 所示,它可以分解为图像获取子系统(数据采集)和图像显示及解释子系统(数据处理)。

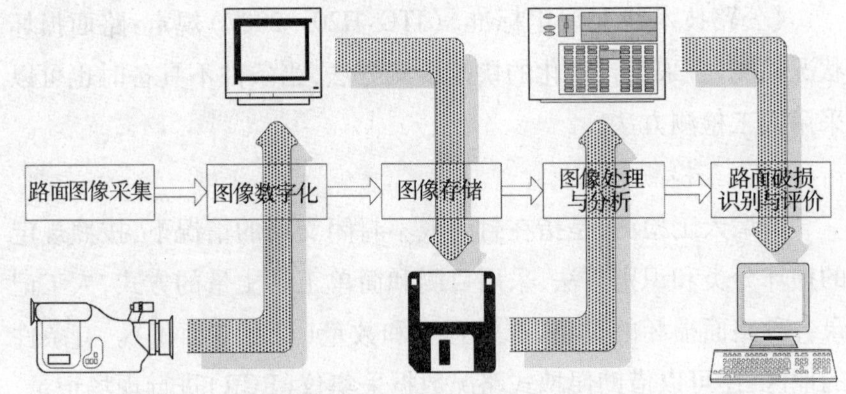

图 4-1　路面损坏自动化检测的基本概念及工作流程

图像采集系统由安装在测试车上的光电扫描装备和摄影/摄像装备组成，通过光电扫描装备和摄影/摄像装备的共同工作，将路面损坏图像记录并存储在磁带或胶片上。数字化过程是将模拟图像数据转换成为计算机能够识别的数字化图像数据，随着摄影/摄像装备数字化程度的提高，路面损坏图像的数字化过程可由装备直接完成，并直接传输到计算机内存。保存的图像数据通过人工判读或机器视觉识别方式来确定路面损坏的类型和数量，并将处理结果存入路面数据库，供评价和决策使用。

《公路技术状况评定标准》(JTG H20—2007)规定：路面损坏自动化检测设备应该能够分辨1mm以上的路面裂缝，检测结果宜采用计算机自动识别，识别准确率应达到90%以上。

4.2.3 路面损坏自动检测设备

1)国外检测设备

路面损坏状况的自动化检测设备一般称为多功能路面快速检测设备。发达国家对这一领域的研究开展较早，虽然早期曾受到硬件技术的限制，但长期的实验研究积累了丰富的经验。近年来，随着计算机、摄影/摄像、图像处理以及GPS全球定位系统等技术的快速发展，为开发新型高效的多功能路面快速检测设备提供了条件，多功能路面快速检测设备可以同时采集多类公路路况信息，数据库一次形成，大大节省了检测时间和检测费用。

(1)基于摄影技术的第一代路面损坏快速检测设备：法国开发的路面损坏快速检测设备(Gerpho)采用了高速摄影技术，在实验室通过人工判读的方式进行路面损坏数据处理与分析。20世纪80年代末期，出于干线公路路面管理系统(CPMS)数据采集工作的需要，交通部公路科学研究院从法国引进一套这样的系统。

该系统的关键技术是同步摄影数据采集技术，系统采用35mm电影胶片、同步高速摄影机和车辆定位系统，在车辆行驶的同时，摄影机不断采集路面损坏影像，每个影像代表一定的路面宽度和长度。路面损坏图像胶卷经过洗印，通过室内判读设备再现路面损坏状况，技术人员在实验室判读各种路面病害，判读结果用键盘输入到数据库。法国多功能路面快速检测设备的特点是，能够明显减少野外作业时间，减轻检测工作对交通流的影响，但是系统仅能在夜间工作，而且实验室后期处理的工作量很大、耗时过长。该系统曾被天津市公路管理局等部门用于公路网路面损坏快速检测，在公路管理和养护生产中发挥了积极的作用，取得了良好的效益。

(2)基于模拟摄像(电视)技术的第二代多功能路面快速检测设备:英国运输研究所(TRL)通过路面损坏识别技术研究和技术集成，开发了HARRIS(Highway Agency Routine Road Investigation System)路况综合检测系统。该系统的主要功能包括路面损坏、道路平整度、路面车辙和前方图像的自动检测。其中路面损坏检测和识别系统采用了3套高性能CCD摄像机，检测结果存储在磁带上。数据处理采用了灰度理论，通过对图像的筛选、模式识别和灰度处理，确定裂缝等路面损坏的类型、长度、宽度、面积和破损率，缺点是分辨率为2~3mm，识别率也较低，需要辅以人工判读。英国公路署装备了HARRIS系统，用于英国干线公路网路面快速检测，检测结果通过标准格式的数据文件，可直接传入英国路面管理系统(UKPMS)，据此实施英国干线公路网的路况评价、养护需求分析、预算预测和养护资金优化分配。

英国WDM公司也研究开发了类似的PAVSCAN公路综合检测装备。不同的是，PAVSCAN是采用4个CCD摄像机(图像可被S-VHS制式的录像带保存)。单幅图像采集范围是2.5m×3.4m。

系统采用了一套闪光照明系统,可在夜间工作。损坏图像可在现场或实验室进行处理,结果用裂缝状态(折线)和位置表示。系统改进了数据处理程序,但是同时也增加了使用成本。

(3)基于数字摄像/照相技术的第三代多功能路面快速检测设备:加拿大 RoadWare 公司研制开发的路况综合检测系统 ARAN(Automatic Road Analyzer)是一种采用一体式、模块化、多测量平台的路况基础数据采集装备,可以同时采集路面损坏(裂缝)、道路平整度、路面车辙、路面纹理、道路几何形状、前方图像等多项数据。其中,路面损坏检测系统采用了两套高清晰度、计算机信号控制的 CCD 数字摄像机,检测速度达到 50km/h。利用图像处理软件(WireCrax)能够自动识别 3mm 以上的路面裂缝,并能分辨出横裂、纵裂、龟裂和网裂损坏,Wise-Crax 的裂缝识别率能达到 85%。

澳大利亚道路运输研究所(ARRB)研制开发了用于国家干线公路路面快速检测的 NSV(Network Survey Vehicle)路网监测。该系统包括了道路纵断面、横断面、路面损坏和前方图像等项目的数据快速采集功能。最新一代的 NSV 路网监测车采用的是基于数字照相技术的路面损坏检测技术,检测图像分辨率达到了 1 000像素以上,但是路面图像裂缝分辨率仅为 2mm。我国上海和贵州购买了上述路网监测车,路网监测车的检测结果必须依靠人工识别。

(4)基于线扫相机技术的第四代多功能路面快速检测设备:美国依靠众多高科技企业、研究院所和大学机构的技术优势,在路面损坏图像检测和图像处理方面作了大量的研究和开发工作。例如,美国 WayLink 设备采用线扫相机采集路面损坏图像,采集速度达到了 12 桢/秒,前方图像检测采用了 1/3 3CCD 数字摄像机,检测速度为 20 ~80km/h。路面损坏图像处理软件能够识别 2mm 以上的路面裂缝。

近年来,我国通过世界银行、亚洲银行公路建设贷款项目,从国外引进了多套路况综合检测系统。然而,在实际公路检测中,引进的检测设备往往只有道路平整度一个简单指标可用,路面损坏和路面车辙等关键指标都无法真正工作。由于检测指标不完整,大交通量的干线公路用起来没有优势,而低交通量的一般公路又没有使用的必要,因此许多购置的检测设备被闲置。闲置的原因,除了软件技术差、硬件设备不过关、无长期技术支持外,还包括其他一些原因,如操作习惯、与我国标准规范的兼容性、软件升级频率和维护费用等。

2)我国路况检测设备

(1)路况数据采集仪(RCR):为贯彻实施国省干线及高速公路路面管理系统(CPMS)和《公路技术状况评定标准》(JTG H20—2007),交通部公路科学研究院公路养护管理研究中心研制开发了“便携式路况数据采集仪(RCR,图4-2)”和配套的路况数据采集系统。路况数据采集仪(RCR)用于记录和储存路面(也包括路基、桥隧构造物和沿线设施等项目)的损坏数据,并能与CPMS实现双向数据传输。

图4-2　路况数据采集仪(RCR)

路况数据采集仪(RCR)的特点是能够大幅度地减少数据记录、数据汇总和数据录入过程中的工作量,减少报表汇总过程中的失误,提高野外及室内工作效率,但是并没有从根本上改变人工检测的事实。路况数据采集仪(RCR)可用于路面管理系统(CPMS)数据采集和公路技术状况评定(MQI)工作。

(2)路况快速检测系统(CiCS):交通部公路科学研究院在西部交通建设科技项目和国家高技术研究发展计划(863 计划)研究成果的基础上,研究开发了基于线扫技术的路况快速检测系统 CiCS (Cracking image Collection System,图 4-3)。在实施 CiCS 研发的过程中,充分吸收了英国和欧洲其他国家的现行标准和规范的成果,采用了立足国内、面向国际的技术思路。

图 4-3　路况快速检测系统(CiCS)

CiCS 是我国第一套具有完全自主知识产权和世界先进技术水平的多功能路况快速检测装备。它能够在正常车流速度下快速、准确地采集路面损坏、道路平整度、路面车辙、路面纹理深度和前方景观图像数据。与 CiCS 配套的路面损坏识别系统 CiAS(Cracking Image Aanlysis System)能够自动识别和处理由 CiCS 采集的路面损坏图像,对裂缝、坑槽等路面损坏进行自动分析和处理,找出裂缝位置,计算裂缝长度、宽度和路面损坏率。CiAS 能够识别 1mm 以上的沥青路面和水泥混凝土路面裂缝,自动剔除水泥混凝土路面接缝，损坏识别率达到了90% ~95%。满足《公路技术状况评定标准》(JTG H20—2007)的要求，检测结果可以直接导入路面管理系统(CPMS)，用于路况评价和养护分析。

4.3 道路平整度检测

4.3.1 道路平整度检测指标

道路平整度描述的是道路路面纵向的高程变化情况，它从行车舒适性、安全性和车辆运营经济性等方面影响路面行驶质量和服务水平。在《公路技术状况评定标准》(JTG H20—2007)中，道路平整度的检测指标是采用世界银行制定的国际平整度指数IRI(International Roughness Index)，通过IRI计算路面行驶质量指数(RQI)。

国际平整度指数(IRI)被定义为：模拟1/4车在80km/h速度下，车身悬挂系总位移与行驶距离之比(单位m/km)。世界银行同时还发布了通过路面纵断面高程数据计算IRI的标准计算程序。IRI作为道路平整度检测的标准尺度已经被世界各国广泛采用，这主要是缘于IRI指标具有如下特点：①IRI代表的是纵断面各点高程偏差的统计值，具有时间和空间的稳定性；②IRI与所有道路平整度检测设备都具有良好的相关性，便于把不同设备的测试结果统一向IRI转换和标定。

《公路技术状况评定标准》(JTG H20—2007)同时还规定，对于三、四级公路，当条件不具备时，道路平整度可以采用三米直尺进行人工检测，检测指标为三米直尺与路面间的最大间隙量。

4.3.2 道路平整度检测方法与检测设备

国外对道路平整度检测技术开展过大量的研究工作，提出了一系列检测方法和相应的检测设备(FHWA,2001)。这些方法和设备从原理上可以分为两种类型:①反应类设备;②断面类设备。表4-2列出了国内外常用的道路平整度检测设备。

常用道路平整度检测设备　　表4-2

检测方法	检测设备	检测方式	检测指标	开发国别(组织)
反应类	BPR平整度仪	动态	位移累积值	美国
反应类	颠簸累积仪BI	动态	位移累积值	英国
反应类	RRDAS平整度仪	动态	位移累积值	澳大利亚
断面类	水准仪及水准尺	静态	路表高程	世界银行
断面类	三米直尺	静态	路表间隙	—
断面类	MERLIN梁	静态	位移偏差	英国TRL
断面类	连续式平整度仪	动态	位移标准差	中国/日本
断面类	惯性断面仪GMR	动态	车体位移 车体与路面距离	美国
断面类	纵断面分析仪APL	动态	车体位移 车体与路面距离	法国LCPC
断面类	非接触式断面仪	动态	车体位移 车体与路面距离	丹麦/瑞典/英国

1)反应类道路平整度检测设备

反应类道路平整度检测设备是通过安装在车体上的传感装置测量车辆以一定速度驶经不平整路面时悬挂系统的动态反应(竖向位移、竖向加速度等),以此来间接度量路面的平整程度。设备输出的测定值通常是一个计数数值,每计一个数相应于一定的悬挂系统位移量。反应类指标表征的是路面凹凸不平引起车辆振动的颠簸情况,是司机和乘客直接感受到的平整度指标,因此它实际上是舒适性指标。

早在20世纪40年代,美国联邦公路局(FHWA)就研制出了这类道路平整度检测设备(BPR平整度仪)。该设备是一辆单轮拖车,通过机械式积分器记录带片弹簧车轮的竖向位移量,其测定速度通常为32km/h。英国运输研究所(TRL)对BPR平整度仪进行了改进,研制开发了颠簸累积仪BI(Bump Integrator),仪器有拖车式和车载式两种类型。反应类道路平整度检测设备还有美国的PCA仪(PCA Meter)和梅氏仪(Mays Meter)、澳大利亚的NAASRA平整度仪和RRDAS平整度仪等,交通部公路科学研究院也开发了国产ZCD-95/2000型车载式颠簸累积仪。

反应类道路平整度检测设备的主要优点是操作简便、测量速度快,可用于大规模道路平整度检测。然而,由于这类检测方法是对道路平整度的间接度量,其检测结果同车辆的动态反应状况密切相关,即随车辆机械系统的振动特性和车辆行驶的速度而变化,因而存在三项主要缺点:①再现性差,同一台设备安装在不同车辆或不同时间测定的结果不一致;②转换性差,不同部门的测定结果难以进行直接对比;③不能反映路面的真实纵断面。为克服上述不足,可以经常通过标定试验建立反应类设备检测结果同已知参照平整度(IRI)之间的相关关系,标定路段的参照平整度(IRI)通常采用断面类设备进行测定。

在反应类道路平整度检测设备中,国内应用较为广泛的是颠簸累积仪(BI)。20世纪80年代,我国在推广路面管理系统(CPMS)时,考虑到快速、方便及经济性能等因素从英国引进了这种设备,并在国家"七五"重点科技攻关项目的基础上自行研制开发了车载式颠簸累积仪。该设备由装载车、光电编码位移传感器、距离传感器和数据采集处理系统等部分组成,其工作原理是采集车辆按一定速度行驶时车身与车后轴之间由于颠簸产生的单向位移累积数据。由于受到车辆动力系统、减震系统、轮胎气压和磨损以及车身配重等多方面因素的影响,车载式颠簸累积仪的使用和维护限制条件较为严格,而且在使用前必须与世界银行规定的一类设备进行IRI对比标定试验,建立相关关系后才能投入使用。

鉴于反应类道路平整度检测设备的上述固有缺陷，最新颁布的《公路技术状况评定标准》(JTG H20—2007)建议在条件允许时宜采用快速和高精度的断面类检测设备。

2)断面类道路平整度检测设备

断面类道路平整度检测设备的工作原理是直接测量路表纵断面形状(高程)，然后再通过一综合性数学统计量来表征其平整度状况。属于这一类型的方法和设备主要包括:水准测量、MERLIN梁、三米直尺、连续式平整度仪、美国 GMR 断面仪、法国 APL 纵断面分析仪等。

水准测量和 MERLIN 梁能够得到精确的纵断面数据，但是测试速度慢，只适用于小范围检测或设备标定;三米直尺和连续式平整度仪在施工质量监测中应用较多，但存在效率低、精度差、难以反映路面较长波长的颠簸和起伏状况等问题;GMR 和 APL 都属于惯性断面仪，是利用车载加速度计建立惯性参考系，由测试轮量测车身同路表之间的相对位移，并通过与加速度计输出信号的二次积分进行互差来消除车体自身振动的影响，由此可以反映真实的路表纵断面，但是当车速过高或路面非常不平整时，测试轮会跳离路面，从而影响测试精度。

为了克服惯性断面仪的上述缺陷，近年来国内外提出了一些非接触式断面仪的改进方案。这类设备一般由测试车、激光或超声波传感器、加速度计、距离传感器以及数据采集和处理系统组成，通过测量路面反射信号和加速度计采集的车辆运动状况信号得出路面纵断面各点的相对高程，根据检测结果可以绘制图形，进行频谱分析，经后处理可以计算得到国际平整度指数(IRI)。这种断面类非接触式平整度检测设备具有自动化程度高、测试速度快(80~120km/h)、采样密度大和数据精确的特点，是目前最为先进的道路平整度检测设备，在配备足够数量的传感器后，还可以同时采集路面车辙、路面构造深度和道路几何线形等数据信息。

目前国内最为常用的断面类道路平整度检测设备主要有精密水准仪、手推式断面仪和激光断面仪。代表性设备有丹麦的 Dynatest RSP 和 GreenWood Profilograph、澳大利亚的 ARRB Waiking Profiler 以及路况快速检测系统(CiCS)。

4.3.3 道路平整度检测设备标定

《公路技术状况评定标准》(JTG H20—2007)规定，各种道路平整度检测设备必须定期标定，每年至少标定一次，标定的相关系数应大于 0.95。

不同类型的道路平整度检测设备输出的指标不尽相同，在引进了国际平整度指数(IRI)的概念之后，就可以利用 IRI 对各种检测设备进行标定，以得到“时间—空间”稳定的道路平整度数据。标定实验一般采用如下步骤：

(1)根据所测道路道路平整度(IRI)的分布情况，选择 5 条道路平整度不同的实验路段，从好到坏不同程度应各有一段，每条路段长 320m。

(2)采用精密水准仪或经过校准的符合世界银行一类测试标准的断面类平整度检测设备对标定路段进行检测。用精密水准仪测量时，从起点到终点每 0.25m 或 0.5m 测量一点，记录其高程数据，利用世界银行提供的标准计算程序计算国际平整度指数(IRI)。分别计算两个轮迹处的 IRI 值，取平均值作为该路段的标准 IRI 值。

(3)采用反应类设备(或其他需要标定的设备)对标定路段进行平整度检测，每条路段检测 5 次，取平均值作为该路段的道路平整度检测值(BI)。

(4)将各标定路段的道路平整度标准值(IRI)和相应的检测值

(BI)进行回归分析,一般可以采用线性方程回归,建立标定方程($IRI = a + b \times BI$)。

断面类平整度检测设备的标定可以参照上述反应类设备的实验步骤进行,将设备实测 IRI 值与精密水准测量得到的标准 IRI 值进行对比性试验,以便验证设备的工作状态和有效性。

4.4 路面车辙检测

4.4.1 路面车辙检测指标

我国《公路沥青路面养护技术规范》(JTJ 073.2—2001)和 2002 年颁布的《高速公路养护质量检评方法》,都未将路面车辙列为一项独立的评价内容,只是将其视为众多路面病害形式的一类(变形类损坏)在计算路面损坏状况指数(PCI)时予以考虑,主要是由于我国当时缺少快速高效和经济适用的路面车辙检测设备,缺乏足够的调查数据和经验来建立相关模型及标准。

近年来,由于交通量的迅速增长,车辆渠道化行驶以及重载、超载问题凸显,车辙已经成为我国高速公路沥青路面的一种主要损坏形式,车辙的存在严重缩短了路面的使用寿命,降低了高速公路的服务质量,构成了交通运输的安全隐患。上述对于路面车辙问题的处理方法显然不能满足现状的需要。

因此,《公路技术状况评定标准》(JTG H20—2007)规定了高速公路和一级公路的路面车辙检测方法,将路面车辙深度(RD)作为独立的检测指标,据此计算路面车辙深度指数(RDI)。其他等级公路,由于路面车辙问题并不突出《公路技术状况评定标准》(JTG H20—2007)建议继续沿用传统做法,在调查路面损坏状况时量取车辙长度,通过影响宽度(0.4m)换算成路面车辙的损坏面积。

4.4.2 路面车辙检测设备

为了快速、安全和准确地获取路面车辙信息,在近半个世纪的发展过程中,国内外曾推出过多种路面车辙检测方法和检测设备(表4-3)。根据检测方式的不同,它们可以划分成两种类型:人工检测设备和自动化检测设备。

常用路面车辙检测设备 表4-3

类型	检测设备	检测内容与指标	检测方式	代表性设备
人工检测	直尺或量线	车辙深度	静态	1.2m/1.8m/2m 直尺
	AASHTO 车辙量规	车辙深度	静态	—
	水准仪和水准尺	横断面	静态	—
自动化检测	表面高程计	横断面	静态/动态	Face Dipstick
	手推式断面仪	横断面	动态	Walking Profiler
	横向轮廓仪	横断面	静态	TP
	图像摄影检测系统	横断面	动态	RoadRecon
	自动车辙仪	车辙深度/横断面	动态	3/5/7 传感器
	横断面扫描系统	横断面	动态	PPS 和 LRMS

1)直尺测量

直尺测量的操作方法是,把直尺横放在轮迹带的车辙位置处,用量尺或量规测量最大车辙深度。国外在测量路面车辙时使用的直尺长度也不尽相同。美国经常使用1.2m(4ft)和1.8m两种直尺,英国TRL指定的标准尺长度是2.0m(6.6ft),我国一般采用3m直尺。当车辙宽度较小时,直尺长度对测量结果的影响较小;但是当车辙较宽时,一般长尺比短尺测出的车辙深度要大。

2)AASHTO 车辙量规

ASHTO 车辙量规最早由美国 Minnesota 州交通部研制开发,故而又称之为 Minnesota 车辙量规(Rut Depth Gauge),后来在 AASHTO 道路试验中(1959~1962)被用于路面车辙检测。AASHTO 车辙量规为木质结构,两个支角展开后间距为1.2m(4ft),中间量杆可以上下伸缩,检测时将量规横置于车辙断面之上,使中间量杆接触路面并读取车辙深度。在某些情况下,AASHTO 车辙量规的测量结果与直尺法会存在一定偏差。

3)精密水准测量

精密水准测量是应用水准仪和水准尺沿道路横断面按一定间隔测量路面表面的高程,由此可以获得精确的道路横断面信息,依此计算路面车辙深度或其他车辙指标。水准测量易于实施,而且结果稳定,不会因时因地有大的差异,因此适于作为标定方法使用。

4)表面高程计

表面高程计(Face Dipstick Profiler)上安装有倾角罗盘,可以测量两个支脚之间的高差,支脚间距是305mm(12in),利用它可以进行横断面高程检测。表面高程计在使用时需要由操作者交替移动两个支角的位置,在车道宽度内进行往返闭合测量,要求累积误差不超过2.5mm。表面高程计经常用于对其他车辙检测设备进行标定。

5)手推式断面仪

手推式断面仪与表面高程计原理相似,可用于检测纵横断面的变形状况。代表性设备有澳大利亚 ARRB 开发的 Walking Profiler 和美国 ICC 生产的 SurPro 等。检测时操作者推动仪器沿横断面匀速行走,仪器能够按照一定的横向间隔(Walking Profiler:243mm,Surpro:300mm)测量路面点的高程变化情况。手推式断面仪经常被 PIARC 和 FHWA 等机构作为标定设备使用。

6)横向轮廓仪

横向轮廓仪(Transverse Profilograph)的钢制横梁宽度为3.6m(12ft),上面设有水准气泡和水平调节螺丝,通过一个直径为7.6cm(3in)的测试轮检测路面高程变化,沿横断面推动把手可以自动绘制横断面图。

7)图像摄影检测

美国和加拿大在路面长期使用性能(LTPP)研究中应用Road-Recon系统采集路面病害数据(FHWA,2003),其中车辙检测子系统RR-75采用的白光阴影原理。检测车后部支架上安装有垂直于路面的摄影装置(35mm脉冲相机),同时在后保险杠上设置一裂纹光圈闪光灯,并与路面保持一定角度。该系统只能在夜间检测,闪光灯工作时会在路面上制造出一条阴影线,覆盖宽度为4.8m(16ft),摄影装置同步拍照,纵向检测间隔为15.2m,数字化后可以得到阴影线上一系列点的(x , y)坐标值,通过坐标数据准确描述车道横断面的形状。

8)车辙快速检测装置

车辙快速检测装置(RutBar)是通过在车体上安装位移传感器来快速、连续地检测道路横断面的检测设备,它主要由检测横梁、传感器和计算机系统三部分组成。位移传感器的类型主要有三种:①激光传感器;②超声波传感器;③红外线传感器。绝大多数传感器都是利用光时差原理测量车体与路面之间的相对距离,当传感器数量足够多时,便可以检测出路面车辙形状。

目前,国内外没有关于传感器类型、数量、间距以及测量宽度等统一的标准。就传感器数量而言,以3传感器和5传感器应用最为广泛(NCHRP,2004)。

有一些车辙快速检测装置配备了更多数量的传感器,旨在获得更为准确的路面车辙数据(TRL,2004),例如丹麦的Dynatest RSP配7个激光传感器,安装在2.3m宽的横梁之上,其中最外侧的2个激光传感器呈一定角度安装,可使测试宽度增加到2.9m;英国的Babtie TTS设备最多可以装备21个激光传感器,检测横梁宽度为2.5m,两端的传感器同样采用斜角测量的方式,可以完成3.2m宽度范围之内的横断面检测;我国交通部公路科学研究院开发的路况快速检测系统(CiCS,图 4-4),配备了 13 个激光传感器,采用非均匀布点方式,外端传感器进行斜角测量,检测宽度可以达到 3.6m,能够在车道全宽范围内进行车辙检测。

图 4-4　车辙检测装置(13 测头,CiCS)

相对于超声波传感器和红外线传感器而言,激光传感器具有很高的测量精度和速度,但是价格也比较昂贵,数量配置过多显然是不经济的。因此,可以考虑采用密布超声波或红外线传感器代替激光传感器,由于这些传感器的价格只有激光传感器的几十分之一,虽然单个传感器的测试精度会有所降低,但是用于绘制横断面形状和计算车辙深度具有足够的精确和经济性。新西兰的 ROMDAS TPL 配备了 30 个超声波传感器,等间距布置(间距 10cm),检测宽度为 2.9m;加拿大的 ARAN Rutbar 采用 37 个超声波传感器,其中 19 个传感器安装在主横梁上,两侧伸缩式扩展翼上还可各安装 9 个传感器,传感器间距为 10cm,总测量宽度可以达到 3.6m。

9)横断面扫描装置

代表设备包括路面轮廓扫描仪 PPS(Pavement Profile Scanner)和 3-D 激光车辙扫描系统 LRMS(Laser Rut Measurement System)。

PPS 硬件系统的核心是一个六面体棱镜和相位测量激光雷达

(Phase Measurement Laser Radar),棱镜能够以10 000r/min的速度旋转并与经过调制的激光束保持同步,引导激光束以90°视角快速扫描道路横断面;软件系统用于处理"距离—角度"数据,并将之转换为路面点的(x ,y)坐标。PPS系统的设计扫描宽度为4.3m,采样频率为1 000Hz,当车速为100km/h时,纵向采样间隔为2.8cm,横断面测量结果由943个测点构成,测点平均间距约为5mm。目前,PPS已经集成于多套道路综合检测设备之中,如美国的Mandli系统、英国的HARRIS系统和日本的PASCO系统等。

LRMS系统采用一对大功率脉冲激光发射器(Pulsed Laser)对路面的3-D特征进行同步扫描,测量宽度为4m,采样频率为25Hz,当车速为90km/h时,纵向采样间隔为1m。每一个测量断面由1 280个测点组成,系统从这些原始的数据点中再筛选出40个点用于描述路面车辙的形状。LRMS已经在加拿大的ARAN和美国的Pathway等检测系统中得到应用。

横断面扫描系统是目前最为先进的路面车辙检测设备,生成的数据量远远超过一般配有3个、5个甚至更多传感器的自动车辙仪,如此的采样密度可以得到近似连续的车道横断面信息,同时还避免了路面车辙位置和检测车横向飘移的影响,能够更为准确地计算各种路面车辙指标。

综上所述,各种路面车辙检测设备的实质都是测量道路横断面上各点的高程数据息,然后描述出横断面的形状,据此计算路面车辙深度,不同的是横断面检测方式、覆盖宽度、测点密度和检测精度等。直尺和量规等人工检测设备速度慢、效率低、人为因素影响大而且安全性差,不适用于大规模路面车辙检测。利用精密水准仪、表面高程计、手推式断面仪和横向轮廓仪等设备都可以获得较为精确的横断面信息,但是同样也存在人工检测方式的缺点,通常是作为标定设备使用。摄影检测方法对存储设备要求较高,并且只能在夜间检测,这在一定程度上限制了它的应用。车辙快速检测装置是基于非接触式位移传感器工作的,这类仪器具有快速、高效、操作安全和不影响车辆正常通行等优点,是目前应用最为广泛的自动化路面车辙检测设备,但是其测量结果随传感器类型、数量和位置的不同而差异很大。近年来研制开发的 PPS 和 LRMS 等横断面扫描类仪器是目前最为先进的路面车辙检测设备,代表了未来路面车辙检测技术的发展方向,但是这类设备价格非常昂贵,在现有条件下还难以普及,而且应用效果还有待进一步验证。

《公路技术状况评定标准》(JTG H20—2007)规定,路面车辙检测宜采用快速检测设备,而且应该与路面损坏和道路平整度等指标结合起来,采用多功能快速检测设备统一检测。

4.4.3 路面车辙计算

大多数车辙检测设备并不是直接测量路面的最大车辙深度,而是首先确定横断面上一些离散点的相对高程或者连续的横断面形状,然后再根据一定的方法计算得到路面车辙深度指标。

横断面扫描和摄影类车辙检测设备的测量范围大、采样密度高,可以获得比较完整的车道横断面信息;而对于自动车辙仪,若具备足够数量的位移传感器和合理的设计间距,也能够得到近似连续的车道横断面形状。基于连续的横断面形状,可以采用下面两种方法计算路面车辙深度指标。

(1)模拟直尺车辙深度(Straightedge Rut Depth):模拟人工直尺检测方法,利用虚构的直尺沿车道横断面曲线进行测量,直尺的长度可以根据实际情况自行定义。取直尺与路面表面之间的最大垂直距离作为相应轮迹处的车辙深度(图 4-5)。

(2)包络线车辙深度(Wire Line Rut Depth):包络线车辙深度是两侧轮迹处横断面包络线与路面表面之间的最大垂直距离,如图 4-6 所示。横断面包络线的定义为,沿车道横断面逐点连接凸出

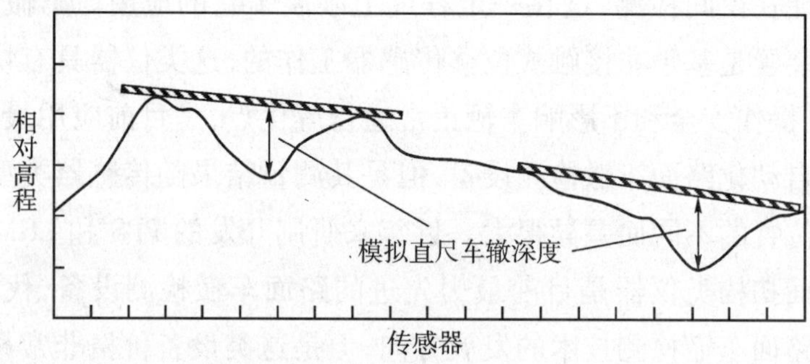

图 4-5　模拟直尺车辙深度计算方法

的路面峰值点，并且连线在峰值点处的外转折角应该≥180°。直观的描述是，虚构一条线横跨整个车道横断面（即包络线），拉线两端与横断面的端点重合，线落在路面最高点或凸出点上。

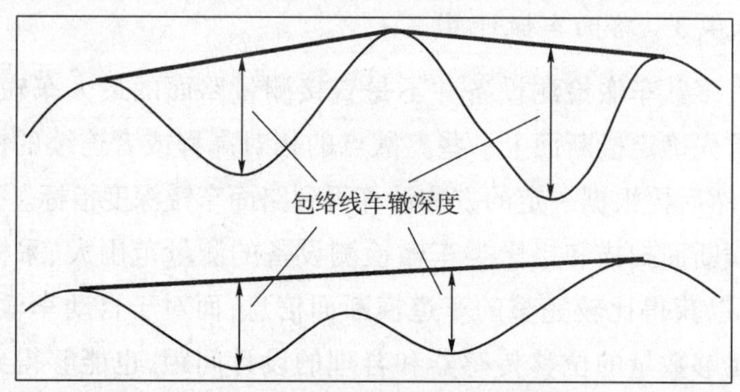

图 4-6　包络线车辙深度计算方法

用包络线计算路面最大车辙深度的方法，可以用于人工检测，也可用于自动化检测，是国外横断面分析和车辙深度计算的标准方法。

4.4.4　自动车辙仪配置方案

车辙快速检测装置是一种基于离散点高程测量的路面车辙检测设备，其测试宽度往往小于一个车道的宽度，通常是以若干测点的连线来代表横断面，因此它所反映的横断面形状是近似的，由此计算的车辙深度也必然是近似的，因此传感器配置方案是否合理会对检测结果产生重要影响（FHWA,2001）（图4-7）。

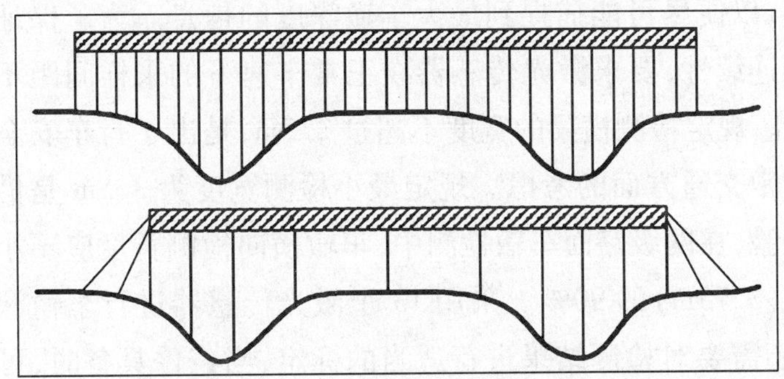

图4-7 路面车辙检测装置配置方案对检测结果的影响

美国联邦公路局基于LTPP的研究成果，提出：①三个传感器的车辙快速检测装置，准确性和重复性较差，不能用于路面车辙数据采集；②五个传感器检测装置的检测结果与标准值之间虽然存在差异，但是相关性较好，可用于网级路面管理系统检测，但检测结果需要修正，并且在重复检测中，需要保持车辆横向位置一致。

AASHTO在路面车辙检测标准（PP 38-00）中规定，用于路网数据检测的车辙设备至少要配备5个传感器，并且随着横断面测点的增加，最大车辙深度的检测精度也会随之提高。

美国Texas州交通部的研究表明，传感器间距对车辙设备测量精度有显著影响，车辙设备的配置方案应当在经济性和实用性之间寻求一种平衡，推荐的最少传感器数量为9个，采用车道全宽非均匀布点的方式，测量结果用三次样条函数进行内插，由此可以较为准确地捕捉到横断面的车辙特征。随着位移传感器不断普及和造价的降低，我国路面车辙检测可采用多于13甚至15个测头的设备配置方案。

上述配置方案是在综合考虑我国公路养护管理工作的实际需要和管理部门现有技术及装备条件的基础上提出的。当进行路网数据采集时,为了保证检测精度,至少要配备13个激光传感器,可以采用均匀或非均匀布置的方式,但是必须保证在两侧轮迹处设置测点,以便尽可能捕捉到最大车辙深度的信息。为了保证纵向检测的连续性,要求激光传感器在正常车速下的采样间距不超过100mm。规定检测横梁的宽度不超过2.2m,是出于行车安全和不影响正常交通方面的考虑。规定最小检测宽度为3.5m是借鉴国外的经验,在网级路面车辙检测中,车辙横向检测宽度应不小于车道宽度(3.75m)的90%。采用13个激光传感器进行车辙深度检测时,还需要对检测结果进行适当的标定,当条件具备时,可增加传感器的数量或直接采用横断面扫描类设备,以期获得更为准确的路面车辙深度数据。

4.5 路面抗滑性能检测

4.5.1 抗滑性能检测指标

路面抗滑性能直接影响公路行车的安全性。路面摩擦系数是表征路面抗滑性能的安全指标,即路面能否提供防止车辆轮胎滑动和减小制动距离的能力。根据摩阻力检测方式的不同,摩擦系数分为制动力系数和横向力系数两种。制动力系数只能表明车辆制动距离的长短,而横向力系数不仅能够体现车辆制动距离的长短,还能够表征路面防止车辆侧滑的能力。

《公路技术状况评定标准》(JTG H20—2007)建议采用横向力摩擦系数SFC(Side-way Force Coefficient)作为检测指标,并通过SFC计算路面抗滑性能指数(SRI)。

4.5.2 检测方法与检测指标

西方发达国家在20世纪30年代就开始进行路面抗滑性能的研究,最初是基于物理学的概念,涉及车辆轮胎与路面材料之间的摩擦力学作用和其他影响因素的分析。经过多年的发展,目前世界各国已经形成了多种路面抗滑性能的测试方法，根据测试方式可以划分为测定摩擦系数的直接法和测定路面微观构造与宏观构造的间接法，相应的测试指标也依此分为直接指标和间接指标两类（VTI，2001）（图4-8）。

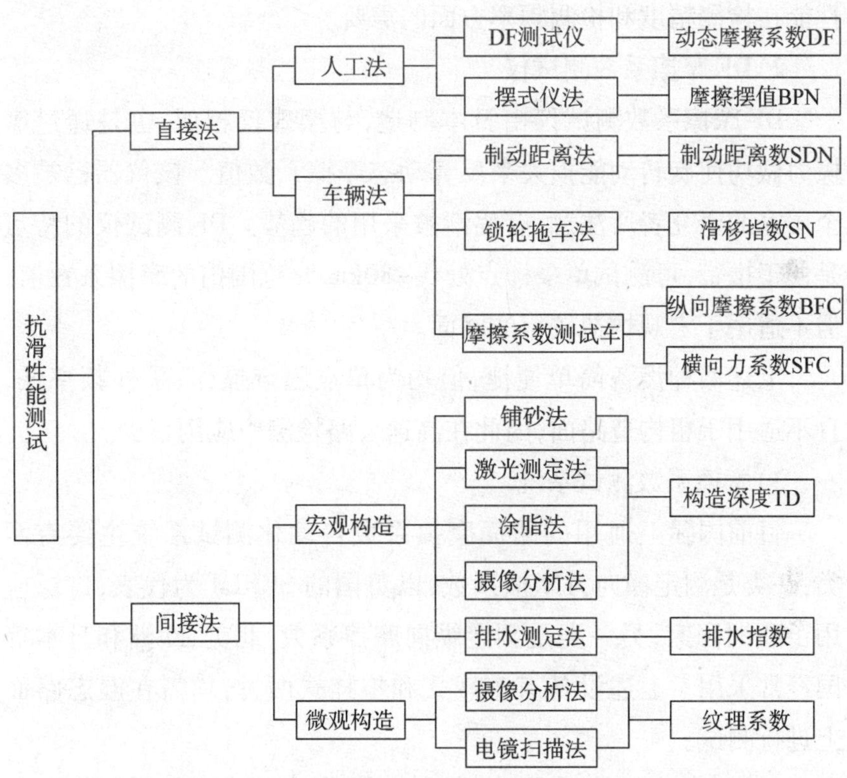

图4-8　路面抗滑性能检测方法

4.5.3　路面抗滑性能检测设备

1）摆式摩擦系数测试仪

摆式摩擦系数测试仪是英国TRL研制的一种小型路面抗滑性能测试装备，在世界上广泛使用。其工作原理是根据能量守恒的规律，将摆臂的势能损失转化为路面摩擦力所做的功，进而反算出摩擦系数并通过摆式仪的摆值（BPN：British Pendulun Number）读出。摆式仪价格低廉、便于携带、操作简便,但只能在单点采样条件下进行测定,所测摆值只相当于较低车速下的路面摩擦系数,且在宏观构造粗糙的路面上进行测试时易产生较大偏差,测试对交通造成的影响亦较大,已明显不能适应高等级公路对于路面抗滑性能在检测精度和检测频率方面的需要。

2)DF 摩擦系数测试仪

DF 摩擦系数测试仪由日本制造,与摆式仪相似,也是通过摩擦力做功使旋转动能损失来反算动态摩擦系数值。该仪器已被多个国家的研究者所注意,有逐渐被采用的趋势。DF 测试仪的特点是便于携带,可测试单采样点处 0~80km/h 范围内的摩擦系数值,但不适用于宏观构造较粗的路面。

上述两种设备简单便捷,但均为单点固定操作,采样频率低,且不适用于粗构造路面,因此在高速公路检测中应用较少。

3)摩擦系数测试系统

目前国际上通用的路面摩擦系数自动化测试系统主要有两类:一类是测定横向力摩擦系数,以英国的 SCRIM 为代表,广泛应用于欧洲国家;另一类是测定纵向摩擦系数,北美、欧洲和日本等国经常采用。上述设备有车载式和拖挂式两种,均需在湿态路面上进行测试。

(1)横向力摩擦系数:横向力摩擦系数测试设备的工作原理是:设定测试轮与行车方向成一定偏角,这样当车辆前进时就会产生一个同测试轮平面垂直的横向摩阻力,横向力由压力传感器量测,其大小与路面和轮胎之间的摩擦系数成正比,该横向力与测试轮承受垂直荷载的比值即为横向力系数 SFC(Side-way Force Coefficient)。为使测试状态与实际最不利状态相吻合,利用水箱喷头在测试轮前喷洒一定量的水,使路面保持一定厚度的水膜。在实际应用中,有的装备采用的是单轮偏角的形式(例如 SCRIM),如图

4-9 所示，还有一些装备采用的是双轮合角的形式(例如 Mu-Meter)。横向力系数 SFC 是路面纵横向摩擦系数的综合反映，能够很好地表征车辆制动时路面阻止其发生侧滑的抗力。英国、比利时和丹麦等国均规定将横向力系数 SFC 作为路面抗滑性能控制指标。表 4-4 中汇总了几种常见横向力系数测试装备的技术参数。

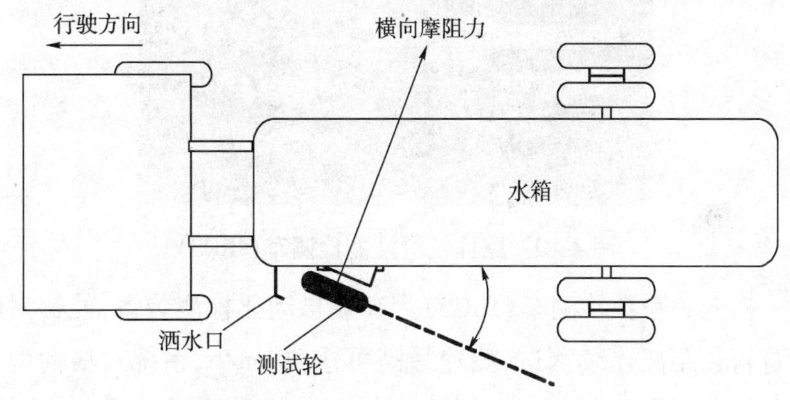

图 4-9　横向力系数测试系统工作原理

横向力系数检测装备的技术参数　　表 4-4

国家	测试装备	传感器	测试轮			洒水系统			标准测试速度(km/h)
			个数	轮荷(kN)	偏角(°)	容积(m^3)	洒水方式	水膜厚度(mm)	
英国	SCRIM	液压式	1~2	2.0	20	5.5	自流	0.5~1.0	50~90
英国	Mu-Meter	液压式	2	2.0	7.5	专用水车	自流	1.0	64~96
比利时	Odoliographe	液压式	1	2.5	20	专用水车	自流	1.0	55~80
丹麦	Stradograf	应变式	2	2.5	12	4.4	压力泵	0.2	60

目前国内使用的横向力系数检测系统主要有英式装备和国产装备两种。图 4-10 所示为交通部公路科学研究院研制开发的横向力系数测试车(RiCS)，它由承载车辆、横向力测试装置、供水装置和主控制系统组成。主控制系统实施对测试装置和供水

装置的操作控制，同时由微机控制数据的传输、转换、存储与计算过程。

图 4-10　路面抗滑性能检测车(RiCS)

横向力系数检测车(RiCS)为高效自动化检测装备，能够对路面进行长距离连续测试，测速最高可达 80km/h，系统对横向力系数数据进行高密度(5m、10m 和 20m 间距)采集，检测结果可以直接导入路面管理系统(CPMS)数据库。上述特点使 RiCS 适应干线公路，特别是高速公路不封闭交通快速检测的要求，作为路面行驶安全性评价的一种重要检测设备，已被许多公路管理部门纳入检测标准体系。

(2)纵向摩擦系数测试系统：纵向摩擦系数测试系统的工作方式是使测试轮与车辆的前进方向保持一致，测定完全刹住或不完全刹住(规定滑移率)的测试轮上产生的纵向摩阻力和测试轮承受的竖向荷载，二者的比值即为纵向制动力摩擦系数 BFC(Braking Friction Coefficient)或滑移指数 SN(Slip Number)，由此可以反映出路面对车辆制动距离长短的影响。摩擦系数测试部件可以安装在车体上或者采用拖挂方式。这种测试方法的特点是能在较宽速度范围内测试路段的平均摩擦系数，测试结果比较符合车辆实际刹车时的情况，并且不影响其他车辆的正常行驶。由于设备所携带的喷洒用水量较少,故一般仅适合于短距离或特殊路段(如机场道面)检测。此类代表性设备主要有瑞典的 SAAB ASFT、英国的 GripTester 以及美国的 ITX Friction Tester 等(表 4-5)。

常用纵向摩擦系数检测装备 表 4-5

开发国别	装备名称	装备类型	工作方式
瑞典	Skiddometer BV8	拖车式	制动轮,固定滑移率 20%
	Skiddometer BV11	拖车式	制动轮,固定滑移率 17%
	SAAB ASFT	内置式/拖车式	制动轮,固定滑移率 12%
英国	Griptester	拖车式	制动轮,固定滑移率 15%
丹麦	Dynatest Friction Tester	内置式	制动轮,固定滑移率 13%
		拖车式	制动轮,锁定
荷兰	RWL-Trailer	拖车式	制动轮,固定滑移率 86%
挪威	Norsemeter ROAR	拖车式	制动轮,可变滑移率
波兰	Skid Resistance Tester	拖车式	制动轮,锁定
法国	LCPC Skid Trailer Adhera	拖车式	制动轮,锁定
美国	ITX Friction Tester	拖车式	制动轮,锁定

4)路面纹理深度检测

路面抗滑性能通常被视为路面的表面特性,包括微观构造和宏观构造两方面。微观构造是指集料表面的粗糙度,它主要提供车辆低速行驶(30 ~ 50km/h)时的抗滑性能;宏观构造即路面纹理深度是路表外露骨料间形成的构造,主要功能是使车轮下的路表水迅速排除,避免形成水膜,它在高速行车时起主要作用。

实践中经常采用铺砂法测量路面纹理深度的大小,通常有手工铺砂法和电动铺砂法两种,计算出纹理深度(TD),用以评价路面抗滑性能。应用激光技术测量路面纹理深度是近年发展起来的测试方法,常用设备为激光路面纹理测试仪,有车载式和手推式两种,测试指标为路面纹理深度 SMTD(Surface Mean Texture Depth)。

4.6 路面结构强度检测

4.6.1 路面结构强度检测指标

路面弯沉是表示路面结构强度的一项重要指标。虽然国外路面弯沉检测设备和方法有所不同,但对弯沉基本概念的理解是相同的,弯沉一般定义为路面在车辆荷载作用下发生垂直下沉变形的位移量。根据检测时施加荷载方式的不同,路面弯沉又可分为静态弯沉和动态弯沉两种,利用贝克曼梁和自动弯沉仪等静态加载试验方法得到的是静态弯沉,利用落锤式弯沉仪、稳态动力弯沉仪和激光弯沉仪等动态加载试验方法得到的是动态弯沉。静态弯沉根据峰值数据采集方式的不同又分为回弹弯沉和总弯沉。我国路面设计和养护标准所使用的弯沉指标应为静态回弹弯沉。

由于进行全面、系统和大规模的路面弯沉检测耗时耗力,而且不同地区的装备条件和技术能力(检测速度)也存在差异,因此《公路技术状况评定标准》(JTG H20—2007)对路面结构强度规定采用抽样检测与评定的方法,检测范围控制在养护里程的20%以内。公路管理机构应根据路面大中修养护需求和路基的地质条件等因素,确定路面弯沉的检测范围和检测位置。

4.6.2 路面弯沉检测设备

路面弯沉检测及分析技术是随着机械、电子、计算机和激光技术的发展而不断进步的,其发展阶段大致表现为3种测试方式:初级人工测试方式、机械自动化测试方式和高速激光测试方式。

弯沉检测的主要目的是要测量出路面在荷载作用下的垂直位移量。最初是利用横梁、百分表等简单工具,通过杠杆原理进行人工测量,这就是我们所熟知的贝克曼梁弯沉仪。为了降低劳动强度、提高测试效率、增加采样数据的准确性,法、英等国在计算机和电子技术发展的基础上于20世纪80年代研制出了自动弯沉仪,自动弯沉仪以位移传感器自动测试弯沉信号,通过工业微机设置程序控制测量机构自动运作。随着对路基路面结构和材料的不断研究,静态弯沉在路面结构设计和评价中存在着明显的局限性,为得到更符合路面结构和材料工作特性的动态弯沉,又开发出了落锤式弯沉仪(FWD),其动态弯沉测试信号通过位移传感器采集,数据准确性较高。随着交通量的增长,不影响交通正常运营的弯沉检测已经成为亟待解决的关键课题。根据最新资料显示,部分欧洲国家正在联合开发高速动态弯沉检测装备,将高科技的激光多普勒(Laser-Doppler)技术应用到路面弯沉检测领域中。

不同类型的路面弯沉检测设备,其技术原理不同,工作方式也不同。按照检测装置的施荷特性可以分为以下3类:①静态弯沉检测;②稳态动力弯沉检测;③脉冲动力弯沉检测。按照工作方式可以分为:①固定采样;②行驶采样。

1)贝克曼梁弯沉仪

贝克曼梁弯沉仪是利用标准车对路面加载,通过百分表观测路面回弹弯沉,属于静态检测、固定采样。其工作原理简单、操作方便,在世界各国得到了广泛的应用,并积累了较为丰富的使用经验,但其亦存在以下不足之处:①贝克曼梁弯沉值是相对于梁支点处的变形,对于半刚性基层路面,弯沉盆范围较大,支点变形导致测试结果失实;②沥青路面的弹性系数与温度和荷载作用时间有密切关系,而贝克曼梁很难测定荷载的作用时间,弯沉精度往往会受到影响;③测试车爬行速度下的静态弯沉与行车荷载作用下的动态弯沉存在一定差异;④仅能测得单点最大弯沉值,难以准确获得反映路面结构强度和受力状况的弯沉盆形状和大小。

鉴于以上特点,贝克曼梁弯沉仪仅适用于低等级公路的养护管理,也可用于高等级公路的施工质量控制,但对于已经通车运营的高等级公路,贝克曼梁测试方法存在工作效率低和交通安全等诸多方面的问题,不适合使用。

2)自动弯沉仪

自动弯沉仪属于行驶采样、静态弯沉类检测设备,其基本工作原理与贝克曼梁相似,只是采用位移传感器代替了百分表进行自动测量,同时改变了前后测臂的长度比例。自动弯沉仪的测试结果为静态总弯沉,与回弹弯沉有一定区别,按照我国相关规范的要求,应与贝克曼梁进行对比试验,将测试结果换算为标准回弹弯沉。

自动弯沉仪由测试车辆、测量机构和数据采集处理系统3部分组成。车辆在测试时能够以3~7km/h的速度稳定行驶,控制系统根据事先在工业微机中设定的工作程序并通过光电管、牵引绞盘及导向机构等部件来自动操作下部测量机构的行走和测试过程,数据采集系统通过位移、温度和距离等传感器连续自动采集单侧或双侧测点的静态弯沉峰值、弯沉盆以及温度和距离等信号,经A/D数据转换程序将上述信号编译成标准数据文件记录在微机内供计算处理使用。

与贝克曼梁相比,自动弯沉仪采样频率及自动化程度高,可极大减轻操作人员的劳动强度;测量时车辆匀速行驶,各测点荷载作用时间均等,消除了作用时间不均造成的误差;同时检测数据与贝克曼梁测试结果还具有良好的相关性。由于自动弯沉仪所具有的优点,目前已经被频繁应用于高等级公路施工质量验收和养护管理过程中,可以在不封闭交通但采取必要安全措施的条件下进行高速公路的弯沉测试作业。

我国使用的自动弯沉仪原型是法国 LCPC 研制的洛克鲁瓦型(Lacroix Deflectgrap),英国 TRL 对其进行了改进,我国在国外设备的基础上进行了自主研发,图 4-11 为交通部公路科学研究院研制开发的自动弯沉仪。

图 4-11 路面自动弯沉仪(ABB)

3)稳态动力弯沉仪

稳态动力弯沉仪利用动荷载发生器对路面施加周期性荷载(通常为固定频率的正弦动荷载),通过在路面上沿荷载轴线相隔一定间距布置的一组速度传感器(检波器)量测路面表面的动弯沉盆曲线。此类弯沉仪的主要优点是:克服了静力弯沉仪的缺陷,应用了惯性基准点,测试精度、速度都有较大的提高。其缺点也比较明显:①为了保证施加振动荷载时仪器不跳离路面,仪器的自重必须大于动荷载,即需要较大的静力预载,这样在试验开始前就已经影响了路面材料的应力状态;②施加的动荷载较小,不能反映实际行车荷载的作用。稳态动力弯沉仪多产于美国,分为轻型(用于公路检测)和重型(用于机场检测)两种,常用装备有 Dynaflect 和 Road Rater 等。

4)落锤式弯沉仪

落锤式弯沉仪(FWD:Falling Weight Deflectometer)于 20 世纪

70年代末由丹麦和瑞典研制成功,目前被世界各国广泛应用于动态弯沉检测和结构性能评价。落锤式弯沉仪主要由液压冲击加载系统、信号采集系统和计算机操作控制系统三部分组成。其工作原理为:电动液压装置将规定重量的落锤提升到预设高度后,使其自由下落到一缓冲装置上,再通过承载板(直径30cm或45cm)给路面施加近似半正弦的脉冲荷载,荷载脉冲由压力盒量测,持续时间0.02~0.045秒(相当于40~60km/h的行车速度),通过改变锤重(50~300kg)、落高(4~40cm)及缓冲垫等可以调节冲击荷载的大小及波形,利用沿荷载轴线布置的多道传感器(位移型或速度型)采集并记录下各测点在冲击荷载作用瞬间的动态变形信号,通过A/D转换器输入微机内进行运算,量测结果可以反映动态弯沉峰值和弯沉盆形状。

现有研究已经充分表明落锤式弯沉仪的优点是明显的:①较好地模拟了行车荷载的作用,可快速准确量测路面的弯沉盆,为路面结构层模量反演提供了基础;②荷载大小可调,可实测路面的荷载~弯沉关系;③相比于稳态动力弯沉仪,落锤式弯沉仪的静力预载很小;④数据采集系统克服了梁式弯沉仪参照系不稳定的缺点,可在整体刚度较大的高等级路面(包括刚性路面)及机场道面上进行弯沉测定。因此,落锤式弯沉仪是目前公认的路面弯沉测试和结构性能评价的理想工具,但由于我国设计和养护技术规范是基于回弹弯沉值,因此落锤式弯沉仪在使用时必须与贝克曼梁进行对比试验。落锤式弯沉仪在应用中遇到的另外一个问题是,当其在高速公路进行工作时由于需要经常定点停车而很难保证人员和设备的安全,因此落锤式弯沉仪虽然装备技术和测试指标非常先进,但在不封闭交通高速行车的路段测试具有局限性。

落锤式弯沉仪有车载式和拖挂式两种,代表产品有:丹麦的

Dynatest FWD、Carl Bro FWD 以及瑞典的 KUAB FWD 等。

4.6.3 弯沉检测设备标定

《公路技术状况评定标准》(JTG H20—2007)规定,路面弯沉检测宜采用具有可靠数据标定关系的自动化检测设备,检测结果应该能够换算成我国相关技术规范规定的回弹弯沉值。路面弯沉自动化检测设备必须定期标定,每年至少标定一次,标定的相关系数应大于0.95。标定实验可以参照如下方法进行:

(1)选择标定路段:由于影响路面弯沉的因素众多,针对不同地区的每种路基路面结构都应该实施标定实验,每次标定实验所选择的实验路段应保证路基路面结构相同。一般选择无超高、无纵坡的4个平直路段,每个路段长度可为300~500m。实验路段的弯沉值应分布于不同量级范围(如0~30、30~80、80~200及200以上)。实验路段的路面应保持清洁干燥,路面温度应控制在10~35℃范围之内,并且试验时温度变化梯度不大,天气宜选择晴天无风条件,实验路段附近无重型交通或震动现象。

(2)标定步骤:按照正常现场测试步骤,令自动弯沉仪(或其他自动检测设备)进入选定的实验路段进行弯沉测试,每隔约20m标记一个测点位置。自动化设备测试完毕后,在每一个标记位置再采用贝克曼梁测试路面回弹弯沉值。

(3)标定方程:用数理统计的方法逐点对应进行回归分析,获得贝克曼梁测试结果和自动弯沉仪(或其他自动化设备)测试结果之间的回归方程,相关系数应大于0.95。

4.7 路基、桥隧构造物和沿线设施状况调查

4.7.1 路基、桥隧构造物和沿线设施检测指标

根据《公路技术状况评定标准》(JTG H20—2007)的规定,路基状况调查分为路肩边沟不洁、路肩损坏、边坡坍塌、水毁冲沟、路

基构造物损坏、路缘石缺损、路基沉降和排水系统淤塞等8类，据此计算路基技术状况指数(SCI)；桥隧构造物状况调查分为桥梁技术状况、隧道技术状况和涵洞技术状况3类，据此计算桥隧构造物技术状况指数(BCI)；沿线设施调查分为防护设施缺损、隔离栅损坏、标志缺损、标线缺损和绿化养护不善5类，据此计算沿线设施技术状况指数(TCI)。

桥隧构造物技术状况(BCI)评定所需数据是依据《公路桥涵养护规范》(JTG H11—2004)和《公路隧道养护技术规范》(JTG H12—2003)评定的技术等级。BCI评定的前提是桥梁、隧道和涵洞的技术等级评定数据准确、有效。如果桥梁、隧道和涵洞技术等级评定结果与现状有明显差别，或定期检测数据(1～3年)不能反映当前的技术现状，需要按照《公路桥涵养护规范》(JTG H11—2004)和《公路隧道养护技术规范》(JTG H12—2003)规定的方法更新检测数据和评定结果，然后再实施BCI评定。

4.7.2 路基、桥隧构造物和沿线设施检测方法与检测设备

目前世界各国还没有开发出用于路基、桥隧构造物和沿线设施检测的快速检测设备，因此这些项目主要是依靠人工检测，有条件的地区，还可以借助便携式路况数据采集仪(RCR)进行现场记录、汇总、计算与评定。

4.8 检测与调查频率

根据国内外公路管理机构对于路况检测频率的要求(World Bank，2005)，我国公路管理的需求以及路况快速检测设备的技术性能和检测成本，《公路技术状况评定标准》(JTG H20—2007)规定了最低检测和调查频率(表4-6)。有条件的省市或地区可根据实际情况适当增加部分指标的检测与调查频率或者按照季度检测，以确保公路技术状况的变化能够被及时掌握。

公路技术状况评定最低检测与调查频率　　表 4-6

检测内容 \ 检测频率			路面损坏（PCI）	道路平整度（RQI）	路面抗滑性能（SRI）	路面车辙（RDI）	结构强度（PSSI）
路面PQI	沥青	高速、一级公路	1年1次	1年1次	2年1次	1年1次	抽样检测
		二、三、四级公路	1年1次	1年1次	—	—	—
	水泥混凝土	高速、一级公路	1年1次	1年1次	2年1次	—	—
		二、三、四级公路	1年1次	1年1次	—	—	—
	砂石		1年1次	—	—	—	—
路基SCI			1年1次				
桥隧构造物BCI			采用最新桥梁、隧道和涵洞技术状况评定结果				
沿线设施TCI			1年1次				

公路技术状况检测与调查以1 000m路段为基本单元，高速公路和一级公路按上行方向（桩号递增方向）和下行方向（桩号递减方向）分别检测，二、三、四级公路可不分上下行。使用快速检测方法和设备采集路面技术状况评定所需数据时，每个检测方向至少要检测一个主要行车道。

计算机存储技术的快速发展允许保存更详细、更多的原始数据，详细的原始数据可用于公路技术状况评定以外的路面养护决策分析和养护设计。因此《公路技术状况评定标准》（JTG H20—2007）规定，所有基于快速检测设备的原始检测数据包括路面损坏（裂缝图像）、道路平整度、路面车辙、横向力系数等都应该尽可能以高密度（10～20m）长期保存；对于人工检测数据，此要求可适当放宽，以100m为单位保存。

5 公路技术状况评定

5.1 概 述

公路技术状况评定的关键技术是评价模型构造的科学性、模型参数选取的合理性和评价方法的适应性。

为了提高公路技术状况评定技术的科学性和先进性，在充分考虑我国现实公路养护管理水平、检测手段、装备条件和发展方向的情况下，《公路技术状况评定标准》(JTG H20—2007)吸收了国家重点科技攻关项目、国家重点新技术推广项目、交通部及交通部西部交通建设科技项目等的研究成果，引进了基于新型检测技术及装备的评价模型和评定方法。

《公路技术状况评定标准》(JTG H20—2007)评价模型的参数选取，参考了我国重要的科研成果和公路实验结果，考虑了不同公路等级、路面类型、地区条件和装备水平等因素差异，力图通过模型结构的科学性和模型参数的合理性设计，使公路技术状况评价模型能适应我国不同省市、不同公路的技术状况评定工作，使评定结果科学、严谨并且能客观地代表公路的真实技术状况。

本章主要讨论公路评价模型及参数的技术来源及背景。

5.2 公路技术状况评价(MQI)

公路技术状况用式(5-1)所示的公路技术状况指数(MQI)描述和表示。

$$\mathrm{MQI} = w_{\mathrm{PQI}}\mathrm{PQI} + w_{\mathrm{SCI}}\mathrm{SCI} + w_{\mathrm{BCI}}\mathrm{BCI} + w_{\mathrm{TCI}}\mathrm{TCI} \tag{5-1}$$

式中：w_{PQI}——路面使用性能(PQI)在 MQI 中的权重，取值为0.70；

w_{SCI}——路基技术状况(SCI)在MQI中的权重,取值为0.08;

w_{BCI}——桥隧构造物技术状况(BCI)在MQI中的权重,取值为0.12;

w_{TCI}——沿线设施技术状况(TCI)在MQI中的权重,取值为0.10。

公路技术状况指数(MQI)包含路面使用性能、路基技术状况、桥隧构造物技术状况和沿线设施技术状况4部分内容。上述4部分无论在内容还是在属性上都有本质的差别,将属性不同的4部分内容结合在一起用1个指标表示,完全出于管理上对公路技术状况整体评价的需要。

利用MQI评价公路技术状况的基础是基本评定单元(路段),《公路技术状况评定标准》(JTG H20—2007)规定MQI的基本评定单元为1 000m。取1 000m是为了将公路技术状况评定与我国各级公路较为完善的里程桩系统结合起来,充分利用已有公路养护与管理的定位资源,使MQI的数据检测与技术状况评定有可靠的参照系统。有条件的省区市,也可以将线性里程桩参照系统与大地坐标定位系统(GPS)结合起来,使MQI评定路段的位置更精确。

我国许多省区市的国省道,尤其是高速公路已经使用了路面管理系统(CPMS)。为了节省管理资源,把公路技术状况评定工作与CPMS公路养护决策工作有效衔接,应将MQI评定路段的长度与CPMS管理路段划分结合起来。在确定MQI评定路段长度时,应处理好路面类型、交通量、路面宽度和养管单位变化处的非整桩号路段,在上述因素的变化处,MQI基本评定单元的长度不受1 000m限制,但路段长度应遵守一般不小于100m、不大于2 000m的管理规定。

路面是公路技术状况评价的核心内容,而且也只有路面部分的各项技术指标能被快速、准确和自动化地采集。路面在国外许多国家的公路养护管理工作中占有70%以上的比重,几十年来,国内外研究机构的主要兴趣是对不断发展的路面检测技术及装备的研究与开发。《公路技术状况评定标准》(JTG H20—2007)将路面使用性能(PQI)比重[式(5-1)的权重系数]确定为0.70(70%)也是基于上述各种因素决定的。将路基状况(SCI)、桥隧构造物状况(BCI)和沿线设施状况(TCI)的权重分别设为0.08、0.12和0.10的依据是国内外文献分析、国内道路实验和专家调查结果。

5.3 路面使用性能评价(PQI)

路面的使用性能,要用路面表面损坏状况、路面修补状况、道路平整度、路面车辙、路面抗滑性能、表面纹理深度和路面结构强度等多项技术指标综合表述。一项指标很难全面地描述路面的使用性能,但是从检评工作的效率、效益和部分指标间的关联性考虑,也没有必要检测与评价所有可能的技术指标。

《公路技术状况评定标准》(JTG H20—2007)对不同类型的路面,规定了不同的技术指标。其中,沥青路面采用了路面损坏、道路平整度、路面车辙、抗滑性能和结构强度五项技术指标;水泥混凝土路面采用了路面损坏、道路平整度和抗滑性能三项技术指标;砂石路面只采用了路面损坏一项技术指标。所有指标通过路面使用性能指数(PQI)[模型见式(5-2),参数见表5-1]汇总在一起,反映路面的整体使用性能。

$$PQI = w_{PCI}PCI + w_{RQI}RQI + w_{RDI}RDI + w_{SRI}SRI \tag{5-2}$$

式中:w_{PCI}——路面损坏(PCI)在PQI中的权重;

w_{RQI}——道路平整度(行驶质量,RQI)在PQI中的权重;

w_{RDI}——路面车辙(RDI)在PQI中的权重;

w_{SRI}——路面抗滑性能(SRI)在PQI中的权重。

PQI 分项指标权重　　表 5-1

路面类型	权重	高速、一级公路	二、三、四级公路
沥青路面	w_{PCI}	0.35	0.60
	w_{RQI}	0.40	0.40
	w_{RDI}	0.15	—
	w_{SRI}	0.10	—
水泥混凝土路面	w_{PCI}	0.50	0.60
	w_{RQI}	0.40	0.40
	w_{SRI}	0.10	—

如第 3 章所述，尽管国外许多国家也采用综合指数描述路面使用性能，但综合指数所包含的技术指标和内容却不尽相同，这是由于不同的国家有不同的管理需要和装备水平。英国有 SCANNER Surveys I(Roads Board,2007)规定的快速检测技术及装备，因此在其 RCI 中，英国管理部门只考虑路面表面技术指标(道路平整度、路面车辙、路面裂缝损坏和纹理深度)而忽略了路面结构强度指标和基于横向力系数的抗滑指标。RCI 是网级公路技术状况评定指标，为了快速得到整个公路网的评定资料，英国规定网级公路技术状况检测只能用满足 SCANNER Surveys 技术要求的设备。这种设备的特点是以车流速度同时检测所有规定的路面表面技术指标(包括路面纹理深度)，并且检测精度满足英国运输研究所(TRL)质量测试要求。英国在网级路面技术状况评定中省略了路面结构强度并不意味着在英国不需要检测路面结构强度指标，路面结构强度指标是英国项目级路面大中修养护设计的重要依据之一。

我国在《公路技术状况评定标准》(JTG H20—2007)中，将路面结构强度定为抽样评定指标，单独计算与评定，评定范围根据路面大中修养护需求、路基的地质条件等因素由公路管理部门自行确定。

路面抗滑性能对路面行车安全的影响历来都是受关注的焦点问题。由于没有成熟的路面抗滑性能与路面纹理深度的关系模型,《公路技术状况评定标准》(JTG H20—2007)在PQI中采用了基于横向力系数(SFC)的路面抗滑性能指数(SRI)。横向力系数(SFC)需要利用大型检测设备独立检测,由于不能与路面表面损坏指标一起检测,由此增加了路面检测装备配置与检测的成本。为了控制横向力系数(SFC)的检评成本,《公路技术状况评定标准》(JTG H20—2007)规定仅检评高速公路和一级公路,并且将检测周期定为两年一次。

5.3.1 路面损坏状况评价(PCI)

路面损坏包括裂缝、坑槽、沉陷和松散等各种表面破坏和损伤。路面表面各种类型的损坏通过其对路面使用性能的影响程度加权累积计算换算损坏面积,换算损坏面积与调查面积之比(路面破损率)可直接用来衡量路面的损坏状态,也可通过路面损坏状况指数(PCI)来评价路面表面的技术状况[式(5-3)、式(5-4)]。

$$PCI = 100 - a_0 DR^{a_1} \tag{5-3}$$

$$DR = 100 \times \frac{\sum_{i=1}^{i_0} w_i A_i}{A} \tag{5-4}$$

式中:DR——路面破损率(Pavement Distress Ratio),为各种损坏的折合损坏面积之和与路面调查面积之百分比,%;

A_i——第 i 类路面损坏的面积,m^2;

A——调查的路面面积(调查长度与有效路面宽度之积),m^2;

w_i——第 i 类路面损坏的权重,沥青路面按表5-2取值,水泥混凝土路面按表5-3取值,砂石路面按表5-4取值;

a_0——沥青路面采用15.00,水泥混凝土路面采用10.66,砂石路面采用10.10；

a_1——沥青路面采用0.412，水泥混凝土路面采用0.461，砂石路面采用0.487；

i——考虑损坏程度（轻、中、重）的第i项路面损坏类型；

i_0——包含损坏程度（轻、中、重）的损坏类型总数，沥青路面取21，水泥混凝土路面取20，砂石路面取6。

沥青路面损坏类型和权重 表5-2

类型(i)	损坏名称	损坏程度	权重 (w_i)	计量单位
1 2 3	龟裂	轻 中 重	0.6 0.8 1.0	面积 m^2
4 5	块状裂缝	轻 重	0.6 0.8	面积 m^2
6 7	纵向裂缝	轻 重	0.6 1.0	长度 m （影响宽度：0.2m）
8 9	横向裂缝	轻 重	0.6 1.0	长度 m （影响宽度：0.2m）
10 11	坑槽	轻 重	0.8 1.0	面积 m^2
12 13	松散	轻 重	0.6 1.0	面积 m^2
14 15	沉陷	轻 重	0.6 1.0	面积 m^2
16 17	路面车辙	轻 重	0.6 1.0	长度 m （影响宽度：0.4m）
18 19	波浪拥包	轻 重	0.6 1.0	面积 m^2
20	泛油		0.2	面积 m^2
21	修补		0.1	面积 m^2

水泥混凝土路面损坏类型和权重　　表5-3

类型(i)	损坏名称	损坏程度	权重(w_i)	计量单位
1	破碎板	轻	0.8	面积 m^2
2		重	1.0	
3	裂缝	轻	0.6	长度 m（影响宽度:1.0m）
4		中	0.8	
5		重	1.0	
6	板角断裂	轻	0.6	面积 m^2
7		中	0.8	
8		重	1.0	
9	错台	轻	0.6	长度 m（影响宽度:1.0m）
10		重	1.0	
11	唧泥		1.0	长度 m（影响宽度:1.0m）
12	边角剥落	轻	0.6	长度 m（影响宽度:1.0m）
13		中	0.8	
14		重	1.0	
15	接缝料损坏	轻	0.4	长度 m（影响宽度:1.0m）
16		重	0.6	
17	坑洞		1.0	面积 m^2
18	拱起		1.0	面积 m^2
19	露骨		0.3	面积 m^2
20	修补		0.1	面积 m^2

砂石路面损坏类型和权重　　表5-4

类 型 (i)	损 坏 名 称	权 重 (w_i)	计 量 单 位
1	路拱不适	0.1	长度 m（影响宽度:3.0m）
2	沉陷	0.8	面积 m^2
3	波浪搓板	1.0	面积 m^2
4	路面车辙	1.0	长度 m（影响宽度:0.4m）
5	坑槽	1.0	面积 m^2
6	露骨	0.8	面积 m^2

沥青路面、水泥混凝土路面和砂石路面损坏状况评价模型(PCI)具有相同的模型结构和变量(DR),但是采用了不同的模型参数。

不同类型的路面有不同的损坏类型、不同的模型参数及由此产生的不同路面损坏状况评价结果。图 5-1 是沥青路面、水泥混凝土路面和砂石路面,路面损坏状况评价模型的比较结果。从图 5-1 曲线看出,相对于水泥混凝土路面和砂石路面而言,路面破损率对沥青路面有更大程度的影响,但是影响程度不会随着破损率的增加而明显增大。

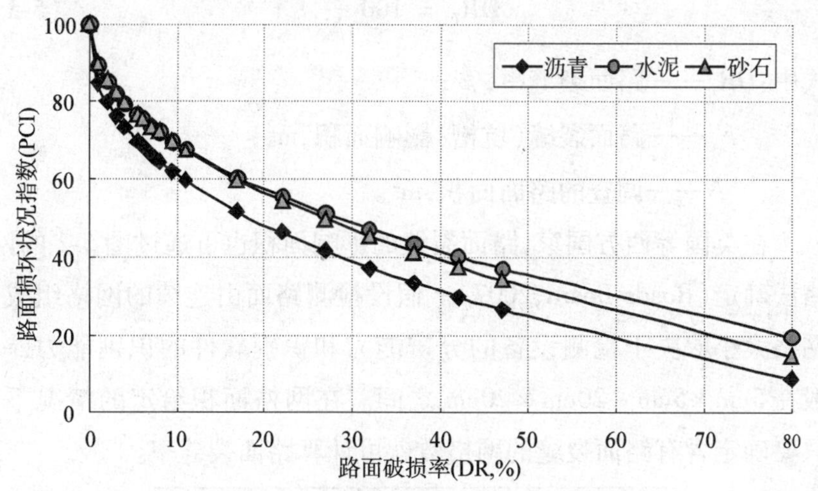

图 5-1 路面损坏状况评价模型比较

表 5-5 给出了路面损坏状况指数(PCI)与路面破损率(DR)特征数值的对照关系。

PCI-DR 对应关系 表 5-5

PCI	90	80	70	60
$DR_{沥青路面}$	0.4	2.0	5.5	11.0
$DR_{水泥路面}$	0.8	4.0	9.5	18.0
$DR_{砂石路面}$	1.0	4.0	9.5	17.0

路面损坏数据可用传统的方法人工调查,也可以通过交通部科研投资开发的多功能“路况快速检测系统(CiCS)”等快速检测设

备自动检测。采用自动化快速检测设备检测沥青路面和水泥混凝土路面表面损坏时,从效率和效益角度考虑,必须使用如"路面损坏识别系统(CiAS)"等的机器自动识别技术及软件。

机器识别时,应采用式(5-5)的计算方法,式(5-5)定义了一个新的路面损坏评价指标,即路面裂缝率。路面裂缝率被定义为路面裂缝(包括坑槽)损坏的影响面积(长度×影响宽度)与调查的路面面积之百分比。

$$DR_c = 100\frac{N_c}{N} \tag{5-5}$$

式中:DR_c——路面裂缝率,%;

N_c——路面裂缝(坑槽)影响面积,m^2;

N——调查的路面面积,m^2。

在英国等西方国家,路面裂缝的影响面积也可通过图5-2的网格法确定(Roads Board,2007)。假设检测路面由连续的网格组成,网格大小取决于检测设备的分辨能力和识别软件的识别能力,一般在5cm×5cm~20cm×20cm之间。在网格面积给定的情况下,只要确定含有路面裂缝的网格数就可计算路面裂缝率。

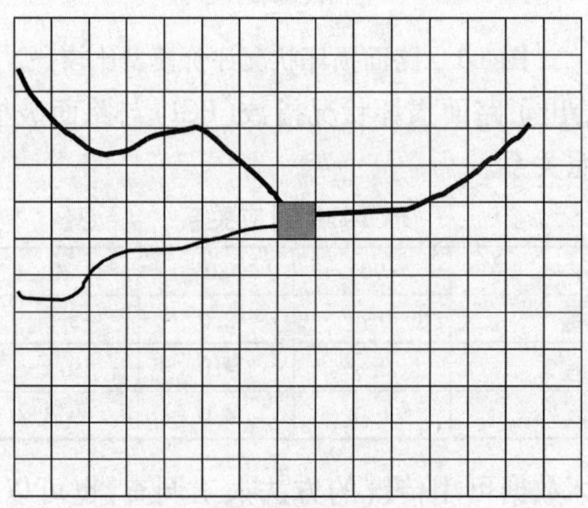

图5-2 机器识别裂缝率快速计算方法

路面裂缝率（DR_c）是一个中间指标，使用时需要通过有效的实验标定，将裂缝率转换成路面破损率。

5.3.2 路面行驶质量评价（RQI）

公路车辆行驶的舒适性能可通过道路平整度指标评价。在早期进行路面管理系统研究时，研究人员建立了道路平整度与行驶舒适性的关系，提出了路面行驶质量指数（RQI）模型［式(5-6)、图5-3］。

$$\mathrm{RQI} = \frac{100}{1 + a_0 e^{a_1 \mathrm{IRI}}} \tag{5-6}$$

式中：IRI——国际道路平整度指数（International Roughness Index），m/km；

a_0——高速公路和一级公路采用0.026，其他等级公路采用0.018 5；

a_1——高速公路和一级公路采用0.65，其他等级公路采用0.58。

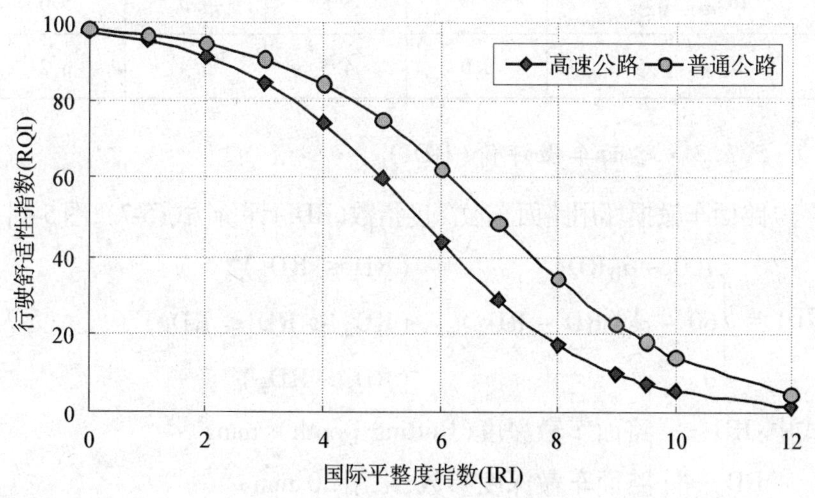

图5-3 行驶舒适性模型比较

公路用户对不同等级的公路有不同的行驶舒适性(行驶质量)要求和期望。《公路技术状况评定标准》(JTG H20—2007)根据公路试验和统计数据,分别为高速公路(包括一级公路)和普通公路确定了不同的 RQI 模型参数。

在《高速公路养护质量检评方法(试行)》中,IRI 4.0m/km 和 IRI 6.0m/km 分别被定义为优(RQI 90)和良(RQI 80)。随着我国公路管理技术的不断进步和公路养护技术能力的逐渐提高,《公路技术状况评定标准》(JTG H20—2007)将优(RQI 90)和良(RQI 80)对应的道路平整度分别提高到 IRI 2.3m/km 和 3.5m/km(高速、一级公路)和 IRI 3.0m/km 和 4.5m/km(普通公路)。调整后的行驶质量评价模型(RQI)在一定程度上反映了我国公路路面铺筑技术的进步和公路用户对道路平整度期望水平的提高。RQI 与 IRI 对应关系见表 5-6。

RQI-IRI 对应关系 表 5-6

RQI	90	80	70	60
$IRI_{高速、一级公路}$	2.3	3.5	4.3	5.0
$IRI_{其他等级公路}$	3.0	4.5	5.4	6.2

5.3.3 路面车辙评价(RDI)

路面车辙损坏用路面车辙深度指数(RDI)评价[式(5-7),图 5-4]。

$$\mathrm{RDI}=\begin{cases}100-a_0\mathrm{RD} & (\mathrm{RD}\leqslant \mathrm{RD_a})\\ 60-a_1(\mathrm{RD}-\mathrm{RD_a}) & (\mathrm{RD_a}<\mathrm{RD}\leqslant \mathrm{RD_b})\\ 0 & (\mathrm{RD}>\mathrm{RD_b})\end{cases} \tag{5-7}$$

式中:RD——路面车辙深度(Rutting Depth),mm;

RD_a——路面车辙深度参数,采用 20 mm;

RD_b——路面车辙深度限值,采用 35 mm;

a_0——模型参数,采用2.0;

a_1——模型参数,采用4.0。

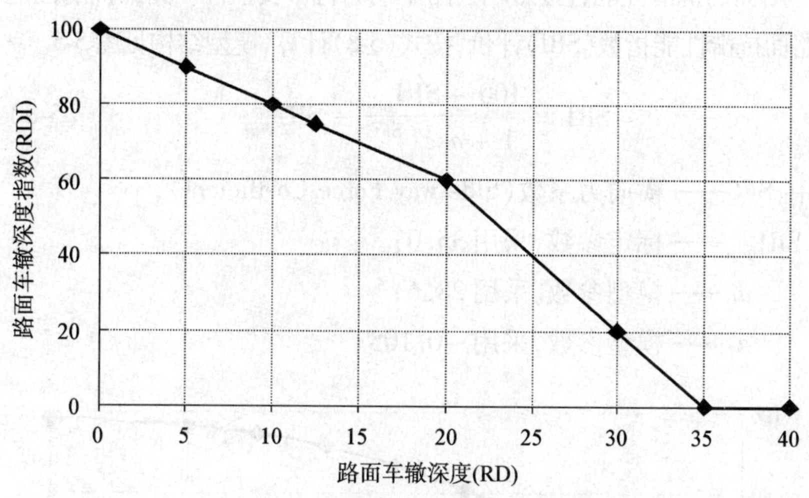

图5-4 路面车辙评价模型

路面车辙是路面损坏的一种特殊类型,随着重载交通的快速增长和渠化作用,路面车辙已经成为我国高速公路和一级公路路面损坏的主要形式之一。根据对我国部分省区市高速公路路面损坏类型的调查,裂缝在路面损坏中比例经常超过60%,其次就是路面车辙损坏,在某些公路上路面车辙损坏有时会高达30%以上。为了应对高速公路及一级公路不断出现的路面车辙问题,《公路技术状况评定标准》(JTG H20—2007)将路面车辙列为独立的检测指标,路面车辙用路面车辙深度指数(RDI)评价。与此同时,在实施高速公路和一级公路沥青路面技术状况评定时,对表5-2的路面车辙损坏不再重复计算。路面车辙深度指数(RDI)与路面车辙深度(RD)的特征数据对应关系见表5-7。

RDI-RD 对应关系 表5-7

RDI	90	80	70	60	0
RD(mm)	5	10	15	20	35

5.3.4 路面抗滑性能评价(SRI)

路面的抗滑性能直接影响公路车辆的行车安全性。路面抗滑性能用路面抗滑性能指数(SRI)评价,按式(5-8)计算,模型结构见图5-5。

$$SRI = \frac{100 - SRI_{min}}{1 + a_0 e^{a_1 SFC}} + SRI_{min} \tag{5-8}$$

式中:SFC——横向力系数(Side-way Force Coefficient);

SRI_{min}——标定参数,采用35.0;

a_0——模型参数,采用28.6;

a_1——模型参数,采用-0.105。

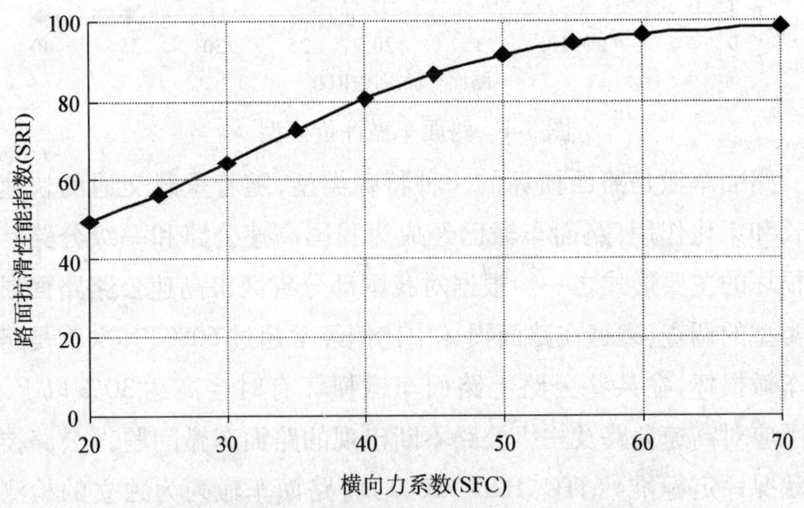

图5-5 路面抗滑性能评价模型

路面抗滑性能指数(SRI)与横向力系数(SFC)的特征数据对应关系见表5-8。

SRI-SFC 对应关系 表5-8

SRI	90	80	70	60
SFC	48	40	33.5	27.5

5.3.5 路面结构强度评价(PSSI)

路面弯沉是路面结构强度的函数,路面结构强度通过路面回弹弯沉用路面结构强度指数(PSSI)评价[式(5-9)、式(5-10),图5-6]。

$$\mathrm{PSSI} = \frac{100}{1 + a_0 e^{a_1 \mathrm{SSI}}} \tag{5-9}$$

$$\mathrm{SSI} = \frac{l_\mathrm{d}}{l_0} \tag{5-10}$$

式中:SSI——路面结构强度系数(Structure Strength Coefficient),为路面设计弯沉与实测代表弯沉之比;

l_d——路面设计弯沉,mm;

l_0——实测代表弯沉,mm;

a_0——模型参数,采用15.71;

a_1——模型参数,采用-5.19。

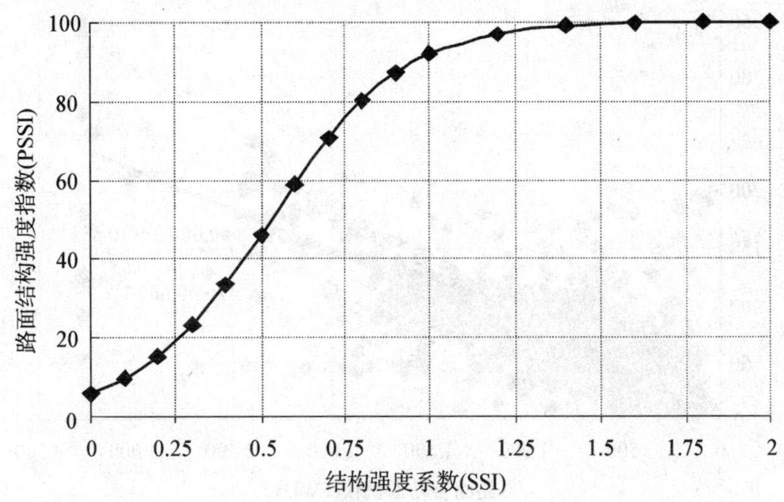

图5-6 路面结构强度评价模型

《公路技术状况评定标准》(JTG H20—2007)规定用抽样检测的方法评定路面结构强度。抽样评定的主要依据是交通部西部交通建设科技项目“沥青路面快速检测及养护技术的研究”科研成果之一,即路面结构强度概率预测方法及模型。另外,不同省区市的装备条件及检测能力有很大差异,全面、大规模的路面弯沉检测在同一个最不利季节内实施也有一定的技术困难。

在路面弯沉、路面损坏、道路平整度、抗滑性能和路面车辙5个路面技术指标中,路面结构强度(弯沉)最难检测。现有的检测技术及装备速度慢、效率低,而且不同检测装备之间往往不存在有效、可靠的转换关系。例如,路面自动弯沉仪的检测速度仅为3~7km/h;而大量的实验数据证明,落锤式弯沉仪(FWD)与贝克曼梁(BB)之间又存在着不稳定的相关关系。图5-7为新疆公路局为世界银行实施的大规模FWD-BB道路标定的实验结果,所有实验路段的平均相关系数只有0.67左右,无法满足《公路技术状况评定标准》(JTG H20—2007)对95%相关系数的最低要求。

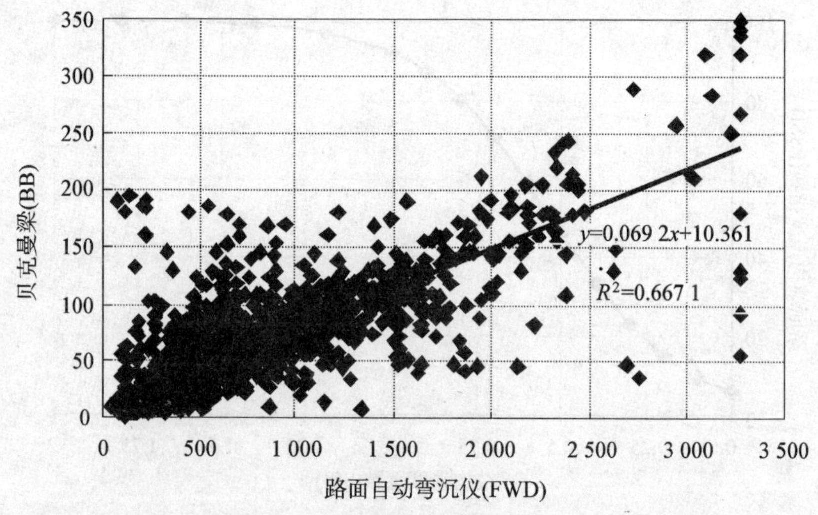

图5-7　世界银行(新疆)FWD-BB比较标定实验

慢速、低效的路面弯沉检测装备不适应大规模网级路面的弯沉检测要求。为了解决公路技术状况评定中的路面弯沉评价问题,依托西部交通建设科技项目,在深入分析国内外文献的基础上,通过大量检测数据的结构强度概率分布(图5-8)研究,发现了路面结构强度足够概率随着道路平整度和路面损坏程度增加而有规律减少的规律,提出了路面结构强度预测方法,建立了路面结构强度预测模型(图5-9)。

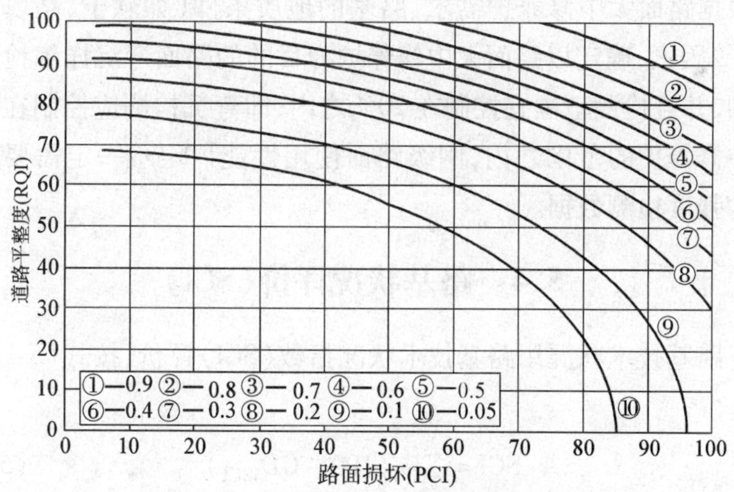

图5-8 路面结构强度概率分布曲线

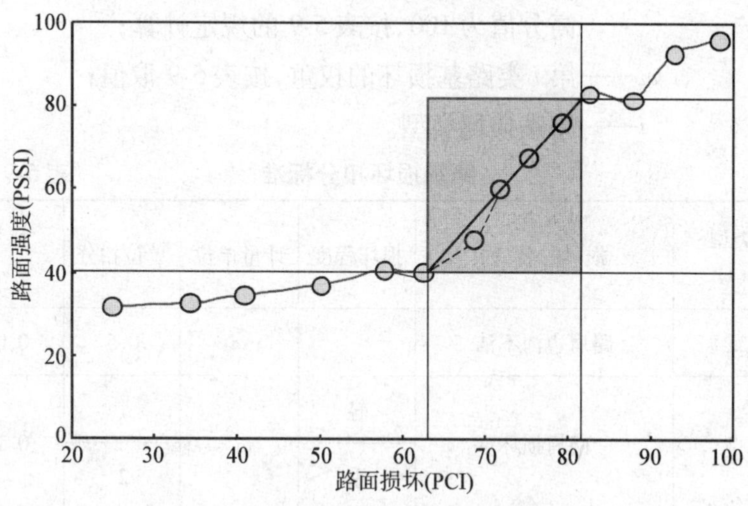

图5-9 PSSI与PCI(RQI)关系模型

由于路面结构强度足够概率可通过路面损坏状况(PCI)和道路平整度(RQI)估计,在网级路面使用性能评价时,只需要定期检测路面损坏状况和道路平整度两项指标,就可完成包含结构强度在内的路面使用性能评定。关键指标的减少,意味可节省大量的装备配置费用和弯沉检测费用。为此,公路管理机构或经营企业可根据路面大中修养护需求、路基的地质条件(如软土、高填方路段)等因素,确定以路面大中修养护为目的的路面弯沉详细检测的范围,并且检测范围宜控制在20%之内,即弯沉检测应控制在路面大中修养护的范围之内,网级路面使用性能评定不一定需要路面结构强度检测数据。

5.4 路基状况评价(SCI)

路基技术状况用路基技术状况指数(SCI)评价,按式(5-11)计算。

$$\mathrm{SCI} = \sum_{i=1}^{8} w_{\mathrm{i}}(100 - \mathrm{GD}_{\mathrm{iSCI}}) \tag{5-11}$$

式中:$\mathrm{GD}_{\mathrm{iSCI}}$——第 i 类路基损坏的总扣分(Global Deduction),最高分值为100,按表5-9的规定计算;

w_{i}——第 i 类路基损坏的权重,按表5-9取值;

i——路基损坏类型。

路基损坏扣分标准 表5-9

类型(i)	损坏名称	损坏程度	计量单位	单位扣分	权重(w_{i})
1	路肩边沟不洁		m	0.5	0.05
2	路肩损坏	轻	m^2	1	0.10
		重		2	

续上表

类型(i)	损坏名称	损坏程度	计量单位	单位扣分	权重(w_i)
3	边坡坍塌	轻	处	20	0.25
		中		30	
		重		50	
4	水毁冲沟	轻	处	20	0.25
		中		30	
		重		50	
5	路基构造物损坏	轻	处	20	0.10
		中		30	
		重		50	
6	路缘石缺损		m	4	0.05
7	路基沉降	轻	处	20	0.10
		中		30	
		重		50	
8	排水系统淤塞	轻	m	1	0.10
		重	处	20	

在路基损坏中，不同的路基损坏类型会对路基损坏和公路运营产生不同的影响效果。为了反映不同类型损坏的影响程度，《公路技术状况评定标准》(JTG H20—2007)在路基(包括沿线设施)中引进了权重参数。SCI(包括BCI和TCI)损坏扣分值确定的主要依据是抽样调查和专家调查。

5.5 桥隧构造物状况评价(BCI)

桥梁、隧道和涵洞技术状况用桥隧构造物技术状况指数(BCI)评价，按式(5-12)计算。

$$BCI = \min(100 - GD_{iBCI}) \tag{5-12}$$

式中：GD_{iBCI}——第 i 类构造物损坏的总扣分，最高分值 100，按表 5-10 的计算；

i——构造物类型（桥梁、隧道或涵洞）。

桥隧构造物扣分标准　表 5-10

类型 (i)	项目	技术状况评定等级	计量单位	单位扣分	备　注
1	桥梁	一、二	座	0	采用《公路桥涵养护规范》(JTG H11—2004)的评定方法，五类桥梁所属路段的 MQI =0
		三		40	
		四		70	
		五		100	
2	隧道	S:无异常	座	0	采用《公路隧道养护技术规范》(JTG H12—2003)的评定方法，危险隧道所属路段的 MQI =0
		B:有异常		50	
		A:有危险		100	
3	涵洞	好、较好	道	0	采用《公路桥涵养护规范》(JTG H11—2004)的评定方法，危险涵洞所属路段的 MQI =0
		较差		40	
		差		70	
		危险		100	

桥隧构造物技术状况评定内容包括桥梁、隧道和涵洞，所需数据为《公路桥涵养护规范》(JTG H11—2004)和《公路隧道养护技术规范》(JTG H12—2003)评定的技术等级。桥隧构造物技术状况(BCI)评定的前提是桥梁、隧道和涵洞技术等级评定数据有效且准确。如果桥梁、隧道和涵洞技术等级评定结果与实际情况有明显差别，或定期检测数据(1 ~ 3 年)不能反映当前的技术状况，BCI 评定数据应按《公路桥涵养护规范》(JTG H11—2004)和《公路隧

道养护技术规范》(JTG H12—2003)规定方法,重新检测,更新评定结果,然后再作 BCI 评定。

5.6 沿线设施状况评价(TCI)

沿线设施技术状况用沿线设施技术状况指数(TCI)评价,按式(5-13)计算。

$$\mathrm{TCI} = \sum_{i=1}^{5} w_{\mathrm{i}}(100 - \mathrm{GD}_{\mathrm{iTCI}}) \tag{5-13}$$

式中:$\mathrm{GD}_{\mathrm{iTCI}}$——第 i 类设施损坏的总扣分,最高分值为 100,按表 5-11 计算;

w_{i}——第 i 类设施损坏的权重,按表 5-11 取值;

i——设施的损坏类型。

沿线设施扣分标准 表 5-11

类型(i)	损坏名称	损坏程度	计量单位	单位扣分	权重(w_{i})	备注
1	防护设施缺损	轻	处	10	0.25	
		重		30		
2	隔离栅损坏		处	20	0.10	
3	标志缺损		处	20	0.25	
4	标线缺损		m	0.1	0.20	每 10m 扣 1 分,不足 10m 以 10m 计
5	绿化管护不善		m	0.1	0.20	

5.7 公路技术状况评定

5.7.1 公路技术状况评定标准

评价标准和评价等级是公路技术状况评定的关键。标准值及其与评价等级的关系涉及许多因素,既有管理上使用的方便性要求,也需要考虑技术上的可行性和合理性。研究人员在确定《公路技术状况评定标准》(JTG H20—2007)标准值、评价等级及标准值与评价等级之间的关系时,参考了交通部有关的技术标准与规范,如《公路水泥混凝土路面养护技术规范》(JTJ 073.1—2001)、《公路沥青路面养护技术规范》(JTJ 073.2—2001),我国已有的科研成果、道路实验结果、专家调查结果、公路检测数据的统计结果,同时也参考了大量的国际文献。

为了统一各项指标的评价标准,使各项指标、各级标准有明确的定义和尺度,研究人员为每项技术指标定义了如表5-12(RDI)所示的标准尺度。

标准及评价等级定义 表5-12

评价等级	评价指标RDI	标准定义
优	≥90	路面几乎无路面车辙;路面行驶舒适,或有非路面车辙因素引起的行驶不舒适感;路表无积水可能,不会影响行车安全性
良	80 ~ 90	路面车辙较轻微,路面车辙深度一般10mm;有路面车辙因素引起的轻微行驶不舒适感;路表有轻度辙槽积水条件
中	70 ~ 80	路面有明显路面车辙存在,路面车辙深度一般小于15mm;有路面车辙因素引起的较强行驶不舒适感;路表有明显辙槽积水条件,易于发生漂滑或侧滑,需要考虑养护
次	60 ~ 70	路面车辙深度较深,路面车辙深度一般小于20mm;有路面车辙因素引起的强烈行驶不舒适感;路表有较深积水的条件,容易发生漂滑或侧滑,需要立即养护
差	<60	路面车辙深,路面车辙深度大于20mm;因路面车辙引起车辆严重颠簸,雨天车辆行驶危险,容易发生漂滑或侧滑,需要立刻养护

在不断研究、实验、模拟和试点应用的基础上,《公路技术状况评定标准》(JTG H20—2007)将公路技术状况分为优、良、中、次、差五个等级,并给出表5-13的MQI及各级分项指标的评价标准和对应关系。由于公路技术状况评定标准与经济条件及养护费用的充足程度有直接关系,理论上每一个省市都应该有自己的标准值,比如东部地区的评价标准为PCI 95(优),则西部地区应该不高于PCI 90(优)。

公路技术状况评定标准　　表5-13

评价等级	优	良	中	次	差
MQI及各级分项指标	≥90	≥80,<90	≥70,<80	≥60,<70	<60

5.7.2　公路技术状况等级评定

评定路段技术状况MQI时,用式(5-1)计算,结果按表5-14汇总。对非整公里的路段,为了使评定结果具有可比性,除PQI外,其余的SCI、BCI和TCI三项指标实际扣分均应换算成整公里值(扣分×基本评定单元长度/实际路段长度),然后再计算SCI、BCI和TCI。桥隧构造物评价结果(BCI)计入桥隧构造物所属路段。存在五类桥梁、危险隧道、危险涵洞的路段,MQI=0。

评定路线技术状况MQI时,应采用路线所包含的所有路段MQI算术平均值作为该路线的MQI值。《公路技术状况评定标准》(JTG H20—2007)规定先按上、下行分别统计MQI,然后将上、下行结果的平均值作为路线MQI评定结果。

按表5-12的规定,确定公路技术状况等级,评定结果按表5-15的格式统计MQI及分项指标的优良、中、次差的长度及比例;按表5-16、表5-17的格式统计普通公路和高速公路MQI及分项指标评定结果。

公路技术状况评定明细表 表 5-14

路线名称： 技术等级： 路面类型： 检测方向： 年 月 日

路段桩号	长度（m）	MQI	路面PQI	路面分项指标					路基SCI	桥隧构造物BCI	沿线设施TCI
				PCI	RQI	RDI	SRI	PSSI			

附注:表中 PSSI 为抽样评定指标。 第 页 总 页

公路技术状况评定汇总表　　表 5-15

年　月　日

<table>
<tr><td colspan="7">基 本 信 息</td></tr>
<tr><td>所属省区市</td><td colspan="6"></td></tr>
<tr><td>路线名称(编码)</td><td colspan="6"></td></tr>
<tr><td>技术等级</td><td colspan="6"></td></tr>
<tr><td>路面类型</td><td colspan="6"></td></tr>
<tr><td>评定长度(km)</td><td colspan="6"></td></tr>
<tr><td>养管单位</td><td colspan="6"></td></tr>
<tr><td>主管单位</td><td colspan="6"></td></tr>
<tr><td>平均 MQI</td><td colspan="6">评定等级</td></tr>
<tr><td>平均 MQI(上行)</td><td colspan="2"></td><td colspan="2">评定等级(上行)</td><td colspan="2"></td></tr>
<tr><td>平均 MQI(下行)</td><td colspan="2"></td><td colspan="2">评定等级(下行)</td><td colspan="2"></td></tr>
<tr><td>上行评定长度(km)</td><td colspan="2"></td><td colspan="2">下行评定长度(km)</td><td colspan="2"></td></tr>
<tr><td colspan="7">统 计 信 息</td></tr>
<tr><td rowspan="2">评定指标</td><td colspan="2">上下行</td><td colspan="2">上行</td><td colspan="2">下行</td></tr>
<tr><td>长度(km)</td><td>比例(%)</td><td>长度(km)</td><td>比例(%)</td><td>长度(km)</td><td>比例(%)</td></tr>
<tr><td>MQI(优、良)
MQI (中)
MQI(次、差)</td><td></td><td></td><td></td><td></td><td></td><td></td></tr>
<tr><td>PQI(优、良)
PQI (中)
PQI(次、差)</td><td></td><td></td><td></td><td></td><td></td><td></td></tr>
<tr><td>SCI(优、良)
SCI (中)
SCI(次、差)</td><td></td><td></td><td></td><td></td><td></td><td></td></tr>
<tr><td>BCI(优、良)
BCI (中)
BCI(次、差)</td><td></td><td></td><td></td><td></td><td></td><td></td></tr>
<tr><td>TCI(优、良)
TCI (中)
TCI(次、差)</td><td></td><td></td><td></td><td></td><td></td><td></td></tr>
</table>

第　页　总　页

表 5-16

普通公路技术状况统计表

项目		编号	列养总理程（km）	实际评定里程（km）						次差路率（%）	评定结果
				合计	优等路	良等路	中等路	次等路	差等路		
甲		乙	1	2	3	4	5	6	7	8	9
MQI	总计	1									
	国道	2									
	省道	3									
	县道	4									
	乡道	5									
	专用公路	6									
	村道	7									
路面（PQI）	总计	8									
	国道	9									
	省道	10									
	县道	11									
	乡道	12									
	专用公路	13									
	村道	14									

续上表

项目		编号	列养总里程（km）	实际评定里程(km)						次差路率（%）	评定结果
				合计	优等路	良等路	中等路	次等路	差等路		
甲		乙	1	2	3	4	5	6	7	8	9
路基(SCI)	总计	15									
	国道	16									
	省道	17									
	县道	18									
	乡道	19									
	专用公路	20									
	村道	21									
桥隧构造物（SCI）	总计	22									
	国道	23									
	省道	24									
	县道	25									
	乡道	26									
	专用公路	27									
	村道	28									

续上表

项目		编号	列养总里程（km）	实际评定里程（km）						次差路率（%）	评定结果
				合计	优等路	良等路	中等路	次等路	差等路		
甲		乙	1	2	3	4	5	6	7	8	9
沿线设施（TCI）	总计	29									
	国道	30									
	省道	31									
	县道	32									
	乡道	33									
	专用公路	34									
	村道	35									

填报单位：　　　　填报人：　　　　填报日期：

高速公路公路技术状况统计表

表 5-17

项目				编号	评定里程（km）	评定结果					评级里程（km）					优良路率（%）
						MQI	PQI	SCI	BCI	TCI	优等路	良等路	中等路	次等路	差等路	
甲				乙	1	2	3	4	5	6	7	8	9	10	11	12
总计				1												
路线编号	路线名称	桩号区间	前进方向													

续上表

项目				编号	评定里程（km）	评定结果					评级里程(km)					优良路率（%）
						MQI	PQI	SCI	BCI	TCI	优等路	良等路	中等路	次等路	差等路	
			上下行	2												
			上行	3												
			下行	4												
			上下行	5												
			上行	6												
			下行	7												
			上下行	8												
			上行	9												
			下行	10												
			上下行	11												
			上行	12												
			下行	13												
			上下行	14												
			上行	15												
			下行	16												
			上下行	17												
			上行	18												
			下行	19												

填报单位：　　　　填报人：　　　　填报日期：

6 路况评定系统(MQI)

6.1 概　述

路况评定系统(MQI)是《公路技术状况评定标准》(JTG H20—2007)的配套软件,其作用是为各级公路管理部门实施公路技术状况检测、评定、统计和报表,提供快速、准确的计算工具。

6.2 主要功能

6.2.1 主要功能

路况评定系统(MQI)(图6-1、图6-2)有6个主菜单,分别是文

图6-1　路况评定系统(MQI)

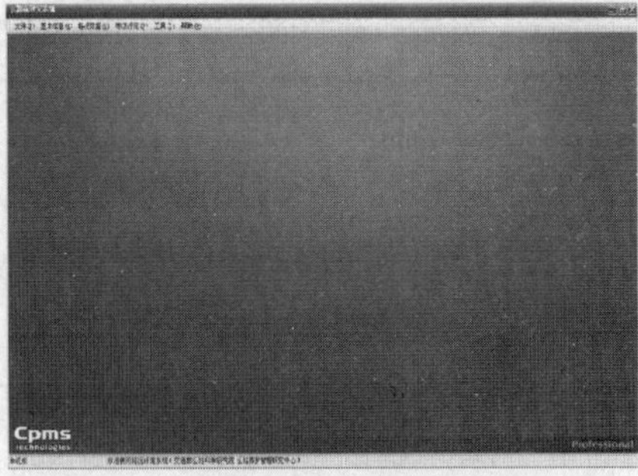

图6-2　路况评定系统(MQI)功能

件、基本信息、路况数据、等级评定、工具和帮助。

(1)文件:作用是备份、恢复、导出、导入公路技术状况检测数据。

(2)基本信息:用于录入和管理公路技术状况评定要求的路网基本信息,并自动生成评价单元。

(3)路况数据:按照《公路技术状况评定标准》(JTG H20—2007)规定格式,录入和保存路面、路基、桥隧构造物、沿线设施的技术状况数据。

(4)等级评定:按照《公路技术状况评定标准》(JTG H20—2007)要求,计算各项评价指标,评定各路段、路线、养管单位和行政区域的公路技术状况等级。

(5)工具:提供两项主要功能,一项是政区、养管单位等的编码管理,一项是检测数据的导入接口。

(6)帮助:《公路技术状况评定标准》(JTG H20—2007)文档和技术支持。

6.2.2 评定流程

路况评定系统(MQI)采用图6-3的工作流程:

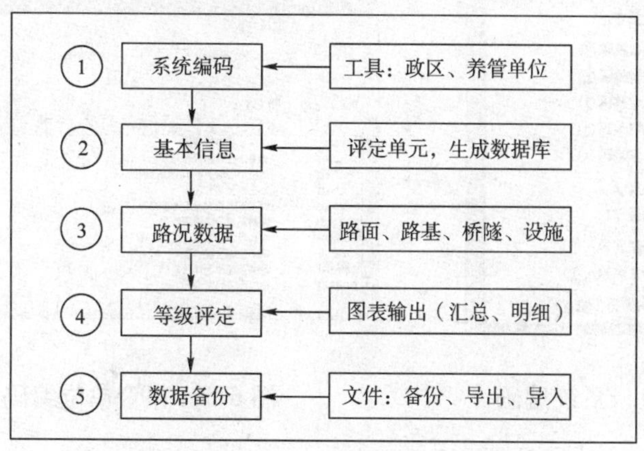

图6-3 路况评定系统(MQI)工作流程

(1)系统编码:建立包含公路技术等级、车道类型、路面类型、政区区域和养管单位的编码体系。

(2)基本信息:录入路线信息和检测单元相关信息,建立公路技术状况评定参照系统。

(3)路况数据:录入检测数据。多功能路况快速检测系统(CiCS)、抗滑性能检测车(RiCS)、路况数据采集仪(RCR)等设备或仪器的检测数据,可通过系统接口自动导入。

(4)等级评定:评定并通过图表浏览评定结果、输出报表。

(5)数据备份:保存检测数据。

6.3 系统编码

路况评定系统(MQI)要求为公路技术等级、车道类型、路面类型、政区区域和养管单位建立编码体系(图6-4)。其中技术等级、车道类型、路面类型有统一编码;政区区域和养管单位需要使用单位依据管理范围自己建立,政区编码采用国家标准(6位:省、地、县),养管单位编码(8位)在政区编码基础上增加2位编码(图6-5)。

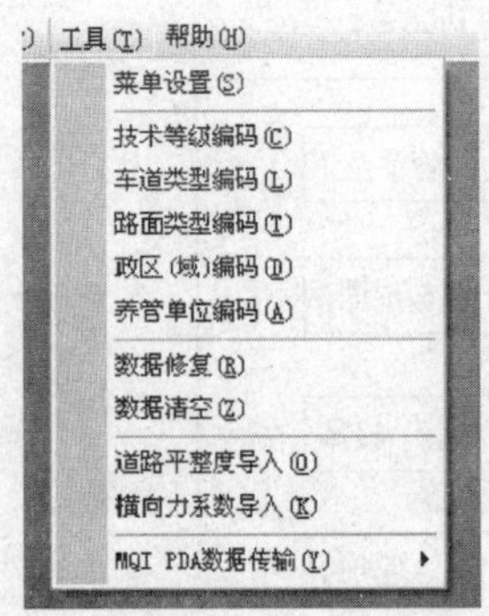

图6-4　系统编码

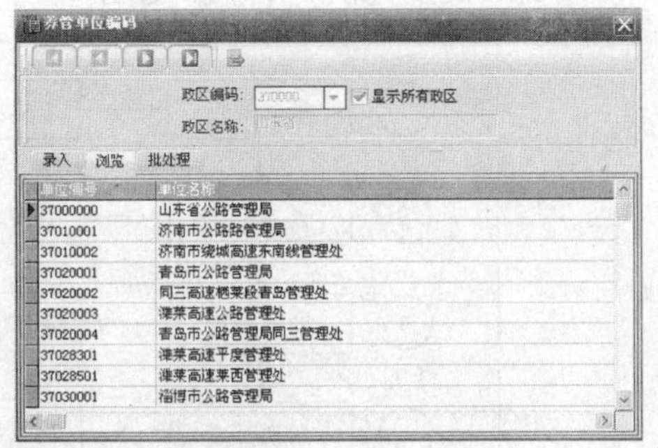

图6-5　养管单位编码

按照《公路技术状况评定标准》(JTG H20—2007)要求,道路平整度、路面抗滑性能、路面弯沉、路面损坏等检测设备需要定期标定,标定结果(参数)与设备应用政区(编码)建立联系(图6-6)。

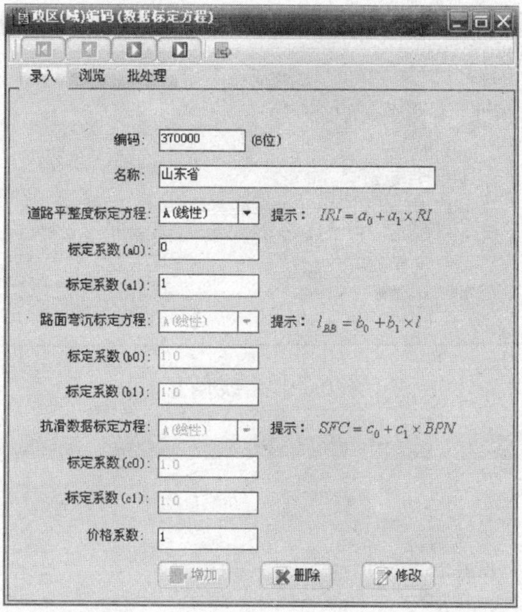

图 6-6 政区编码及检测设备标定参数

6.4 基本信息

为了完成单条路线、局部路网、整个路网的技术状况评定工作，需要将公路网所有组成路线，按《公路技术状况评定标准》(JTG H20—2007)要求，划分成可用于独立检测与评定的评定单元。

评定单元的基本长度为1 000m，划分时主要考虑政区、养管单位、技术等级、路面类型、路面宽度、交通量大小等因素。在上述因素变化处，评定单元不受1 000m长度限制，但评定路段长度也不应超过2 000m。公路技术状况的评定单元，应与路面管理系统(CPMS)的路段划分结合起来。

路况评定系统(MQI)为公路技术状况检测与评定提供了评定单元自动划分的工具，在完成“路线信息”(图6-7)和“评定单元”(图6-8)信息录入后，系统会自动将路线划分成《公路技术状况评定标准》(JTG H20—2007)需要的评价单元并自动生成公路数据库。

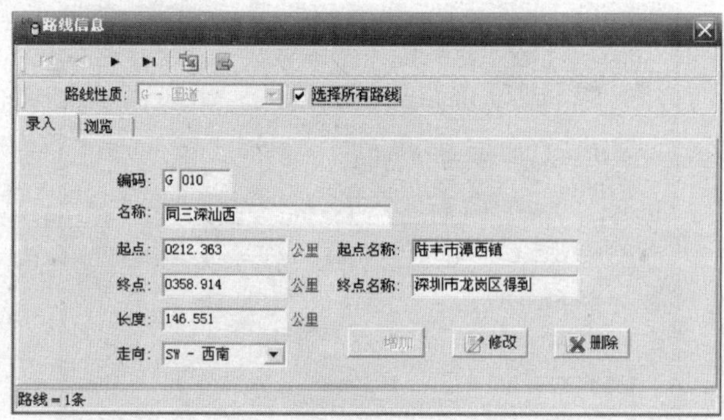

图 6-7 路线信息

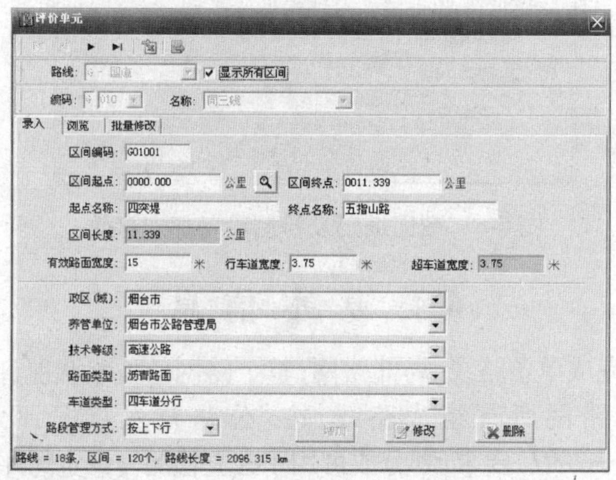

图 6-8 自动划分评定单元

6.4.1 路线信息

路线信息(图 6-7)的作用是,录入路线编码、路线名称、路线起点、起点名称、路线终点、终点名称、管养路线长度等评定路线的属性信息。

路线编码采用国家标准,编码由 1 位公路管理等级代码和 3 位数字编码组成,详细内容见《公路路线标识规则命名、编号和编码》(GB 917.1—2000)。其中,路线的管理等级代码分 6 类:G 代表国道,S 代表省道,X 代表县道,Y 代表乡道,Z 代表专用公路,C 代表村道。

6.4.2 评定单元

路况评定系统(MQI)根据图6-8的录入数据,自动划分评价单元,形成公路技术状况评定数据库。

其中,区间被定义为政区、养管单位、技术等级、路面类型、路面宽度、交通量大小均匀、一致的路线局部。区间编码由6位字符组成,前四位是区间所在路线编码,后2位为区间编号(00~99)。区间编码可以连续也可以不连续,视实际情况而定,一般情况下区间编码顺路线桩号逐渐增大。区间编码数位不够时可使用字母(AA~ZZ)继续编排。区间编码要求全省统一且唯一,原则上地区之间应预留区间编码,以便备用。

有效路面宽度是用于计算PCI指标的路面宽度,也可以理解为路面损坏数据对应的检测宽度。

在选择政区(域)、养管单位、技术等级、路面类型、车道类型和管理方式后,系统将根据上述信息,自动划分评定单元,生成公路技术状况评定数据库,完成公路技术状况评定准备工作。

6.5 路况数据

公路技术状况评定要求的所有数据,都通过“路况数据”菜单,按《公路技术状况评定标准》(JTG H20—2007)规定的格式(10m,20m,100m)逐项录入和保存。路况数据包括路面、路基、桥隧构造物和沿线设施,其中路面数据又包括路面损坏、道路平整度、路面车辙和路面抗滑性能等。

6.5.1 路面损坏

不同类型的路面有不同的损坏分类,路况评定系统(MQI)将路面损坏细分为沥青路面损坏(图6-9)、水泥路面损坏(图6-10)和砂石路面损坏(图6-11)。

路面损坏数据的录入相当于一个填表过程。在录入或修改一个评定单元(或路段)的路面损坏数据时,需要首先定位录入数据所在的路段。路段位置可通过以下3种方式定位:a)输入路段编码;b)输入路线编码,然后点击窗口左上方的前后箭头;c)在浏览窗口直接选择。

为了实现路面损坏数据快速录入，路况评定系统（MQI）提供

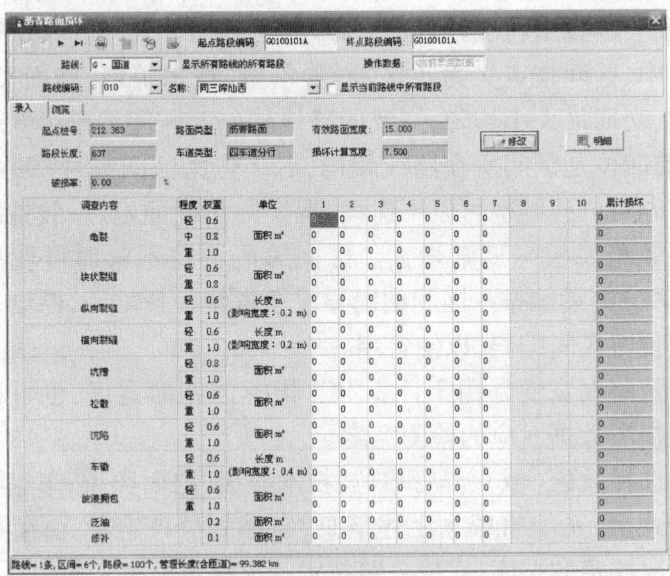

图 6-9 沥青路面损坏数据

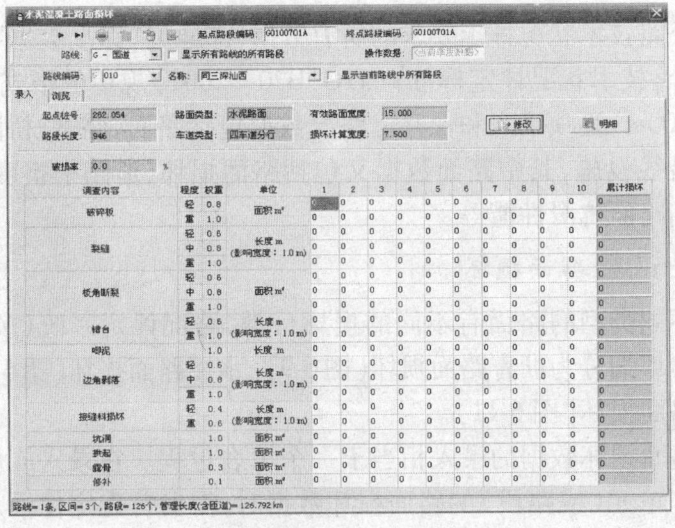

图 6-10 水泥路面损坏数据

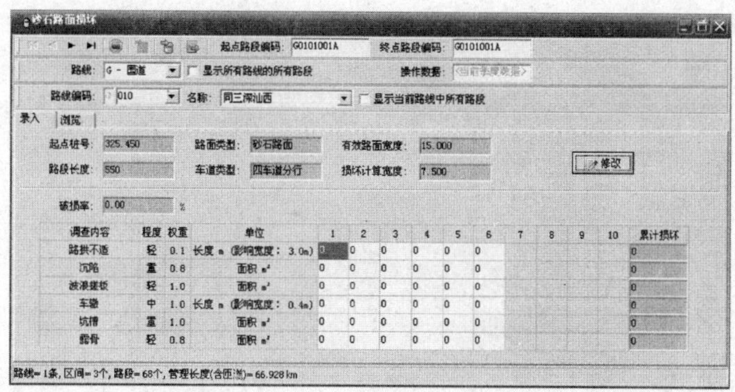

图 6-11　砂石路面损坏数据

了类似 EXCEL 电子表格的录入功能：通过上下、左右键快捷操作，录入完成后退出即保存。

依据录入的路面损坏数据，路况评定系统（MQI）将根据路面损坏类型，自动计算 100m 损坏的累计数据及对应的沥青路面、水泥混凝土路面或砂石路面的破损率（%）。

在路面损坏数据录入工作完成后，通过系统提供的 功能（图 6-12），可将数据库中的路况数据以 EXCEL 电子表的形式导出。这项功能使得数据录入可以脱离路况评定系统（MQI），用 EXCEL 直接编辑路况数据，完成数据编辑后，利用系统提供的 功能再将 EXCEL 表数据返回（导入）到路况评定系统（MQI）数据库。

该项功能也适合道路平整度、路面车辙、路面抗滑性能、路基、桥隧构造物、沿线设施的数据录入与编辑。

6.5.2　道路平整度

道路平整度一般按标准评定单元或路段（1 000m）的 100m 均值方式保存（图 6-13）。对于超出 1 000m 或不足 1 000m 的路段，系统将自动增加或减少 100m 数据录入空间（该项功能也适合其他数据的录入）。系统默认的检测数据为 RI（Road Roughness）值，利用 RI 数据，根据标定方程，系统将自动计算路段平均 RI 和国际平整度指数 IRI。

路段编码	起点桩号	路段长度	路面类型	车道类型	有效路面宽度	损坏计算宽度	路面损坏率	龟裂(轻)	龟裂(中)	龟裂(重)	块状裂缝(轻)	块状裂缝(重)	纵向裂缝(轻)	纵向裂缝(重)	横向裂缝(轻)	横向裂缝(重)	坑槽
G0100101A	[illegible]	[illegible]	沥青路面	四车道分行	15.000	7.500	0.00	0	0	0	0	0	0	0	0	0	0
G0100102A	213.000	1000	沥青路面	四车道分行	15.000	7.500	0.00	0	0	0	0	0	0	0	0	0	0
G0100103A	214.000	1000	沥青路面	四车道分行	15.000	7.500	0.00	0	0	0	0	0	0	0	0	0	0
G0100104A	215.000	1000	沥青路面	四车道分行	15.000	7.500	0.00	0	0	0	0	0	0	0	0	0	0
G0100105A	216.000	1000	沥青路面	四车道分行	15.000	7.500	0.00	0	0	0	0	0	0	0	0	0	0
G0100106A	217.000	1000	沥青路面	四车道分行	15.000	7.500	0.00	0	0	0	0	0	0	0	0	0	0
G0100107A	218.000	1000	沥青路面	四车道分行	15.000	7.500	0.00	0	0	0	0	0	0	0	0	0	0
G0100108A	219.000	1000	沥青路面	四车道分行	15.000	7.500	0.00	0	0	0	0	0	0	0	0	0	0
G0100109A	220.000	1000	沥青路面	四车道分行	15.000	7.500	0.00	0	0	0	0	0	0	0	0	0	0
G0100110A	221.000	1461	沥青路面	四车道分行	15.000	7.500	0.00	0	0	0	0	0	0	0	0	0	0
G0100201A	222.461	539	沥青路面	四车道分行	15.000	7.500	0.00	0	0	0	0	0	0	0	0	0	0
G0100202A	223.000	1000	沥青路面	四车道分行	15.000	7.500	0.00	0	0	0	0	0	0	0	0	0	0
G0100203A	224.000	1000	沥青路面	四车道分行	15.000	7.500	0.00	0	0	0	0	0	0	0	0	0	0
G0100204A	225.000	1000	沥青路面	四车道分行	15.000	7.500	0.00	0	0	0	0	0	0	0	0	0	0
G0100205A	226.000	1000	沥青路面	四车道分行	15.000	7.500	0.00	0	0	0	0	0	0	0	0	0	0
G0100206A	227.000	1000	沥青路面	四车道分行	15.000	7.500	0.00	0	0	0	0	0	0	0	0	0	0
G0100207A	228.000	1000	沥青路面	四车道分行	15.000	7.500	0.00	0	0	0	0	0	0	0	0	0	0
G0100208A	229.000	1000	沥青路面	四车道分行	15.000	7.500	0.00	0	0	0	0	0	0	0	0	0	0
G0100209A	230.000	1000	沥青路面	四车道分行	15.000	7.500	0.00	0	0	0	0	0	0	0	0	0	0
G0100210A	231.000	1000	沥青路面	四车道分行	15.000	7.500	0.00	0	0	0	0	0	0	0	0	0	0
G0100211A	232.000	1000	沥青路面	四车道分行	15.000	7.500	0.00	0	0	0	0	0	0	0	0	0	0
G0100212A	233.000	1000	沥青路面	四车道分行	15.000	7.500	0.00	0	0	0	0	0	0	0	0	0	0
G0100213A	234.000	1496	沥青路面	四车道分行	15.000	7.500	0.00	0	0	0	0	0	0	0	0	0	0
G0100301A	235.496	504	沥青路面	四车道分行	15.000	7.500	0.00	0	0	0	0	0	0	0	0	0	0
G0100302A	236.000	1000	沥青路面	四车道分行	15.000	7.500	0.00	0	0	0	0	0	0	0	0	0	0
G0100303A	237.000	1000	沥青路面	四车道分行	15.000	7.500	0.00	0	0	0	0	0	0	0	0	0	0
G0100304A	238.000	1000	沥青路面	四车道分行	15.000	7.500	0.00	0	0	0	0	0	0	0	0	0	0
G0100305A	239.000	1000	沥青路面	四车道分行	15.000	7.500	0.00	0	0	0	0	0	0	0	0	0	0
G0100306A	240.000	1000	沥青路面	四车道分行	15.000	7.500	0.00	0	0	0	0	0	0	0	0	0	0

图 6-12 路面损坏浏览及 EXCEL 导出、导入

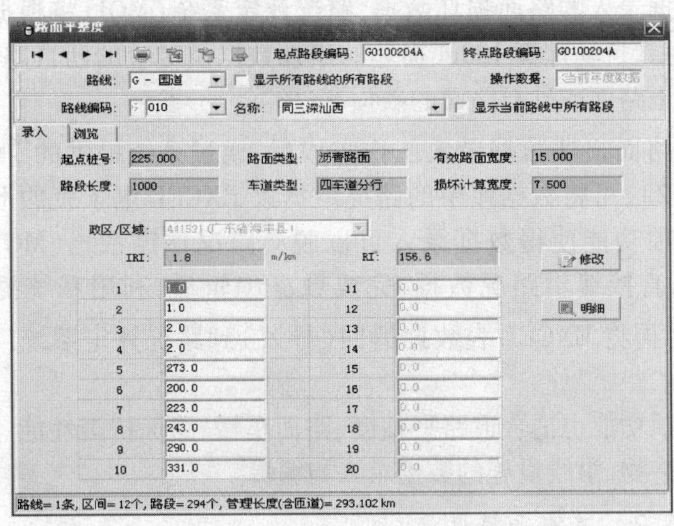

图 6-13 道路平整度

6.5.3 路面车辙

路面车辙分左车辙和右车辙(图 6-14),数据以 100m 均值的方式保存。根据 100m 左、右车辙,计算路段平均车辙、最大车辙和大于 10mm 车辙比例。

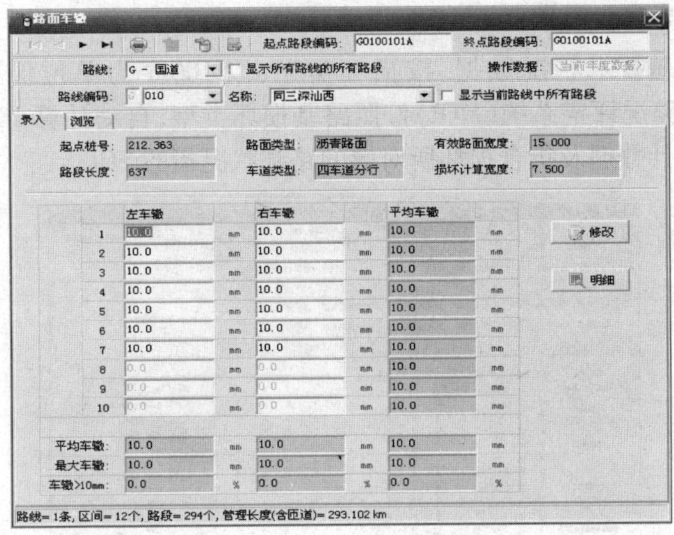

图 6-14 路面车辙

6.5.4 路面抗滑性能

路面抗滑性能数据以100m均值方式保存(图6-15)。根据100m均值,计算路段抗滑性能(SFC)。

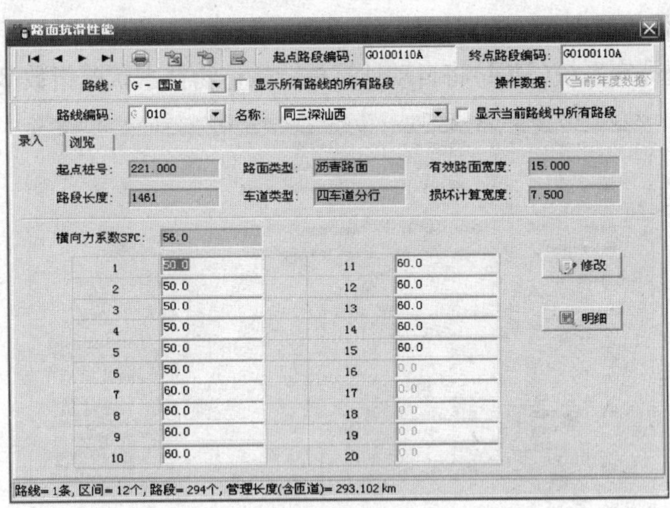

图 6-15 路面抗滑性能

6.5.5 路基

路基技术状况数据，按损坏类型、以 100m 为单位保存(图6-16)。路况评定系统(MQI)按照路基损坏类型，自动计算 100m 损坏的累计数据及折合损坏所对应的路基状况指数 SCI。

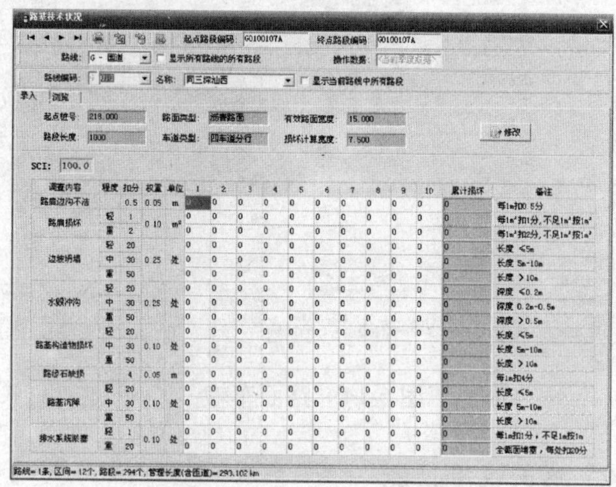

图 6-16 路基技术状况

6.5.6 桥隧构造物

如图 6-17 所示，依据桥梁、隧道和涵洞构造物的技术状况评定结果，路况评定系统(MQI)将自动计算桥隧构造物技术状况指数 BCI。

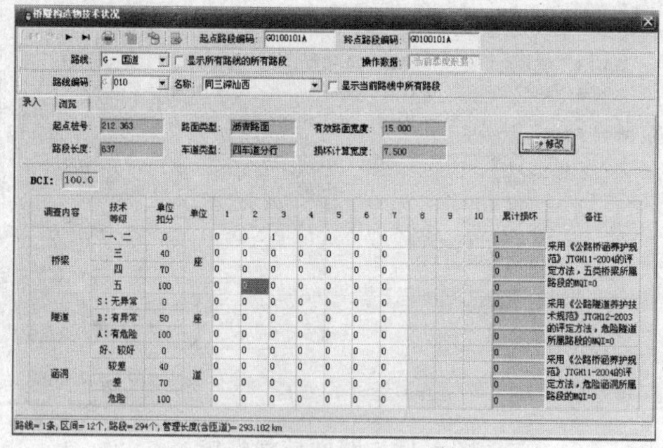

图 6-17 桥隧构造物技术状况

6.5.7 沿线设施

按损坏类型、以100m为单位保存(图6-18),根据检测数据自动计算100m损坏的累计数据及折合损坏所对应的沿线设施的技术状况指数TCI。

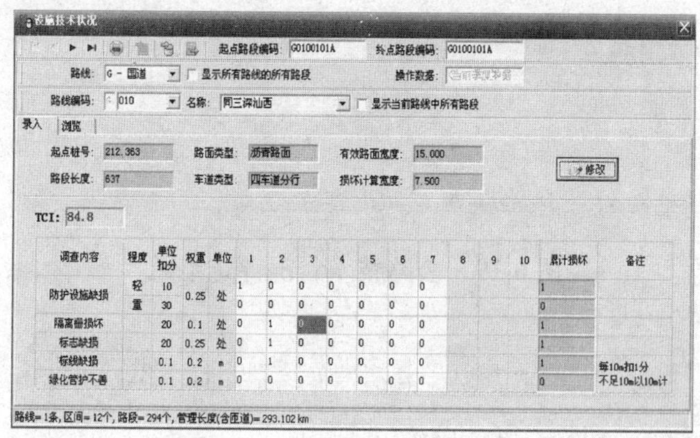

图6-18 沿线设施技术状况

6.6 等级评定

根据公路技术状况评定结果和公路技术状况标准,确定公路技术状况等级,按详细程度将等级的评定结果分为“评定汇总”和“评定明细”。

6.6.1 评定汇总

评定汇总是以路线、政区、养管单位为单位的评定。

系统通过不同的选择(图6-19),给出不同选择的汇总结果(图6-20、图6-21)。主要选择包括:

(1)养管单位:一个、多个或所有养管单位;

(2)政区:一个、多个或所有政区;

(3)路线:一条路线或所有路线;

(4)技术等级:高速公路或普通公路;

(5)报表类型:交通部要求的“公路技术状况统计表”或MQI标准要求的“公路技术状况评定汇总表”;

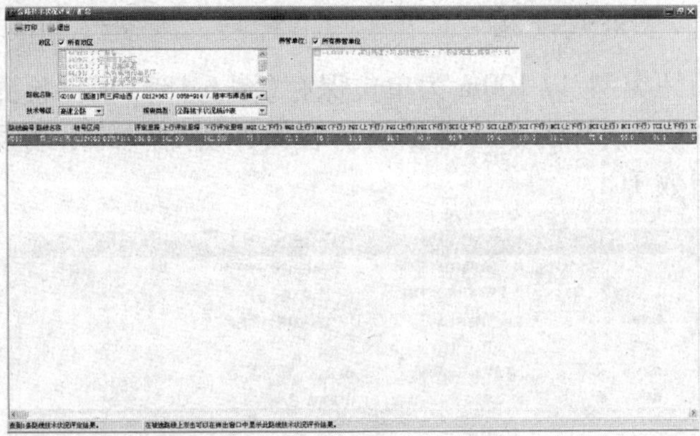

图 6-19　公路技术状况评定汇总

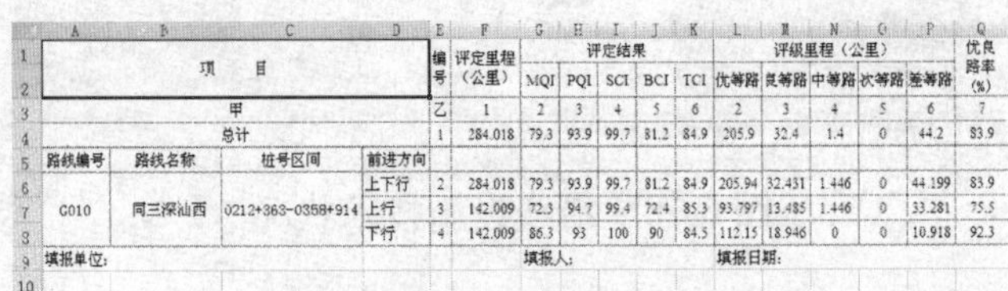

项　目				编号	评定里程（公里）	评定结果					评级里程（公里）					优良路率（%）
						MQI	PQI	SCI	BCI	TCI	优等路	良等路	中等路	次等路	差等路	
甲				乙	1	2	3	4	5	6	2	3	4	5	6	7
总计				1	284.018	79.3	93.9	99.7	81.2	84.9	205.9	32.4	1.4	0	44.2	83.9
路线编号	路线名称	桩号区间	前进方向													
G010	同三深汕西	0212+363-0358+914	上下行	2	284.018	79.3	93.9	99.7	81.2	84.9	205.94	32.431	1.446	0	44.199	83.9
			上行	3	142.009	72.3	94.7	99.4	72.4	85.3	93.797	13.485	1.446	0	33.281	75.5
			下行	4	142.009	86.3	93	100	90	84.5	112.15	18.946	0	0	10.918	92.3
填报单位：						填报人：					填报日期：					

图 6-20　高速公路技术状况统计表

公路技术状况统计表

——普通公路

项　目		编号	列养总里程（公里）	按照评定里程（公里）						优良路率（%）	评定指标
				合计	优等路	良等路	中等路	次等路	差等路		
甲		乙	1	2	3	4	5	6	7	8	9
MQI	总计	1	24.328	24.328	11.2	13.1	0	0	0	1	90
	国道	2									
	省道	3	24.328	24.328	11.189	13.139	0	0	0	1	90
	县道	4									
	乡道	5									
	专用公路	6									
	村道	7									
路面（PQI）	总计	8	24.328	24.328	4.5	17.7	2.1	0	0	91.2	86.6
	国道	9									
	省道	10	24.328	24.328	4.501	17.697	2.13	0	0	91.2	86.6
	县道	11									
	乡道	12									
	专用公路	13									
	村道	14									
路基（SCI）	总计	15	24.328	24.328	19.7	4.6	0	0	0	100	94
	国道	16									
	省道	17	24.328	24.328	19.689	4.639	0	0	0	100	94
	县道	18									
	乡道	19									
	专用公路	20									
	村道	21									
桥隧构造物（BCI）	总计	22	24.328	24.328	24.3	0	0	0	0	100	100
	国道	23									
	省道	24	24.328	24.328	24.328	0	0	0	0	100	100
	县道	25									
	乡道	26									
	专用公路	27									
	村道	28									
沿线设施（TCI）	总计	29	24.328	24.328	23.8	0	0.5	0	0	97.8	95.6
	国道	30									
	省道	31	24.328	24.328	23.798	0	0.53	0	0	97.8	95.6
	县道	32									
	乡道	33									
	专用公路	34									
	村道	35									

图 6-21　普通公路技术状况统计表

（6）报表方式：路线、全省、政区。

6.6.2 评定明细

评定明细是以路段为单位的评定。

系统通过不同的选择（图 6-22），给出不同选择的图文明细结果（图 6-23、图 6-24）。

与评定汇总类似，评定明细需要依次选择养管单位或政区、技术等级、路线、路面类型（沥青、水泥或砂石）、上下行。

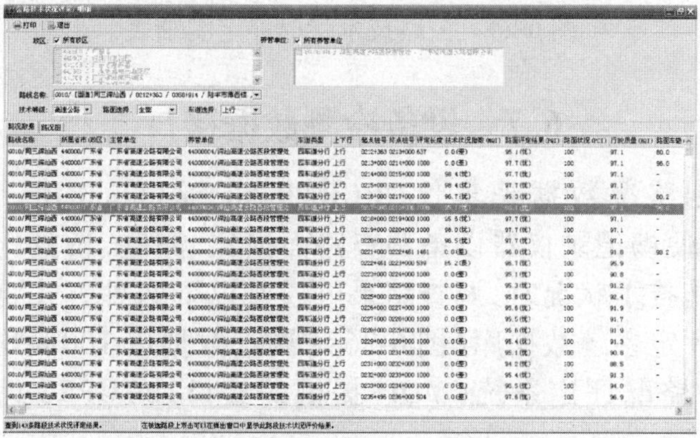

图 6-22 公路技术状况评定明细

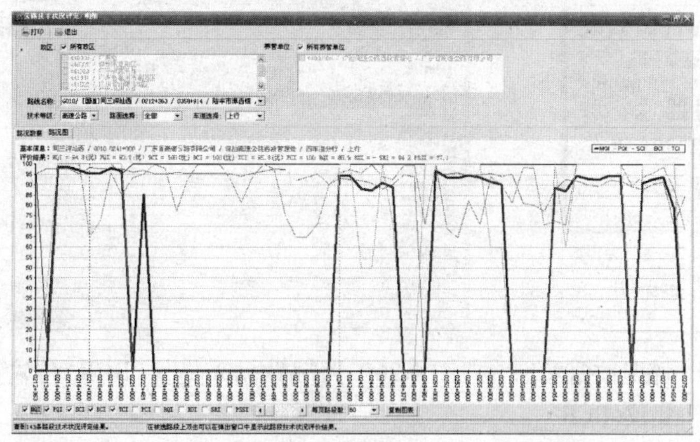

图 6-23 公路技术状况评定结果分布

公路技术状况评定明细表

路线名称：G010/同三深汕西　　检测方向：上行　　2008 年 02 月 23 日

起点桩号	路段长度 (m)	评定结果 MQI	路面 PQI	路面 PCI	RQI	RDI	SRI	PSSI	路基 SCI	桥隧构造物 BCI	沿线设施 TCI
214+000	1000	98.4 优	97.7	100.0	97.1	--	94.2	98.7	100.0	100.0	100.0
215+000	1000	98.4 优	97.7	100.0	97.1	--	94.2	98.7	100.0	100.0	100.0
216+000	1000	96.7 优	95.3	100.0	97.1	80.2	94.2	98.7	100.0	100.0	100.0
217+000	1000	95.1 优	98.1	100.0	97.1	99.0	94.2	98.7	100.0	100.0	64.6
218+000	1000	95.6 优	97.7	100.0	97.1	--	94.2	84.3	100.0	100.0	72.6
219+000	1000	98.0 优	97.7	100.0	97.1	--	94.2	80.0	100.0	100.0	95.8
220+000	1000	96.5 优	97.7	100.0	97.1	--	94.2	74.7	95.0	100.0	84.8
221+000	1461	0.0 差	96.0	100.0	91.8	98.2	95.2	71.4	100.0	0.0	93.4
222+461	539	85.2 良	96.7	100.0	95.9	--	91.5	77.3	100.0	0.0	95.0
223+000	1000	0.0 差	95.1	100.0	90.8	--	94.2	81.1	100.0	0.0	99.8
224+000	1000	0.0 差	95.3	100.0	91.2	--	94.2	78.0	100.0	0.0	97.8
225+000	1000	0.0 差	95.8	100.0	92.4	--	94.2	51.2	100.0	0.0	77.3
226+000	1000	0.0 差	95.6	100.0	91.9	--	94.2	88.8	100.0	0.0	92.3
227+000	1000	0.0 差	95.5	100.0	91.7	--	94.2	85.4	100.0	0.0	99.8
汇总	14km	54.6 差	96.6	100.0	94.7	92.5	94.1	83.4	99.6	50.0	90.9

深汕高速公路西段管理处

图 6-24　公路技术状况评定明细表

6.7　设备检测数据接口

采用路况数据采集仪(RCR：Road Condition Recorder，图 6-25)等便携记录仪器设备调查路面损坏、路基、桥隧构造物和沿线设施技术状况时，调查结果可通过以下两种方式直接传输到路况评定系统数据库(图 6-26)，调查数据以 100m 均值方式保存：a)路况评定系统(MQI)提供的接口；b)GPRS 远程无线传输方式。

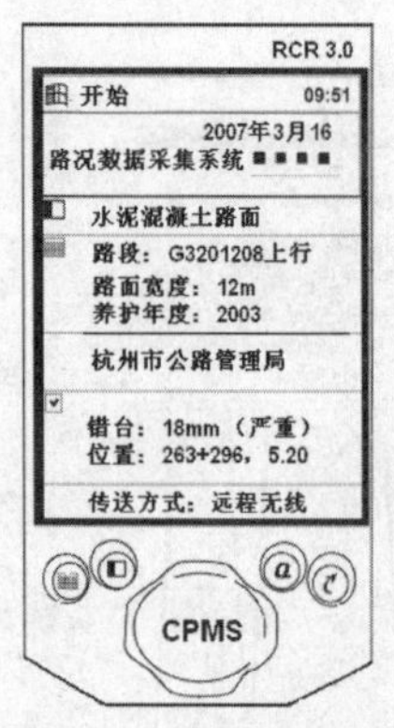

图 6-25　路况数据采集仪(RCR)

图 6-26　路况数据采集仪(RCR)传输接口

采用多功能路况快速检测系统(CiCS)检测路面损坏、道路平整度、路面车辙等数据时，检测结果可通过系统提供的接口,直接导入到路况评定系统数据库(图6-27),检测数据以10m或20m均值格式详细保存,同时保存合并的100m均值数据。

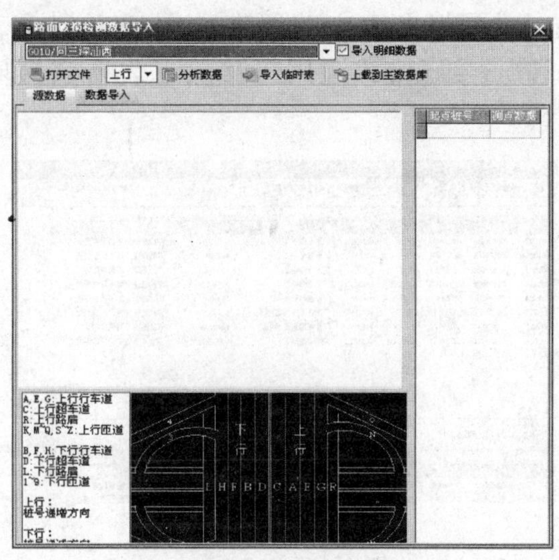

图6-27 多功能路况快速检测系统(CiCS)数据导入接口

6.8 数据维护

路况评定系统(MQI)的"文件"菜单,提供了备份、恢复、导出、导入四个数据维护功能:

(1)备份:自动生成一个包含时间标识的备份文件,根据年度自动相关的原则自动将文件指向隐含的备份目录(也可自行选择),保存当前系统数据库中的所有数据。

(2)恢复:将以前备份的数据自动恢复到当前数据库中。"恢复"是"备份"的逆过程,"恢复"所使用的目标文件必须是有效的"备份"文件。

(3)导出、导入:主要起数据分发和汇总的作用,它们之间的关系和"备份"与"恢复"之间的关系十分相似但又有不同。

选择"导出"系统将显示图6-28所示的导出窗口,窗口由上下两张表格组成。第一张表是目前系统中的所有区间列表,第二张表显示的是要导出的区间列表。操作时先在上表中选择需要导出的区间,然后点击两表之间的“加入”功能键,将数据加入下表中,导出时可以按两种方式(政区或养护单位)选择。“全部加入”可将上表中的所有数据加入到下表。两表之间的“删除”和“全部删除”键用于移除下表所选区间或所有区间数据。

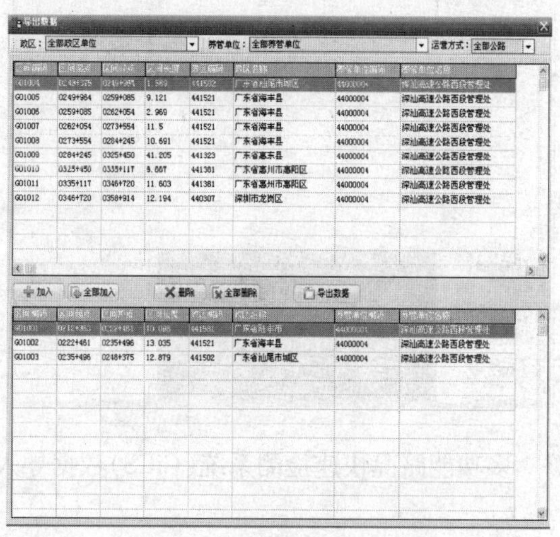

图6-28 数据导出窗口

“导入”的操作与数据的“恢复”类似,区别只在于恢复数据选择的目标文件必须是“备份”文件,而导入数据选择的目标文件必须是“导出”文件。“导入”与“恢复”的另一个区别在于,每一次导入的数据都只覆盖原数据库中对应部分的数据,其他数据保持不变,而恢复数据将覆盖或取代原数据库中的所有数据。为防止误操作,在“备份”、“恢复”或“导出”、“导入”时,都需要输入“cpms”确认口令。

6.9 帮 助

帮助文件,包含《公路技术状况评定标准》(JTG H20—2007)全文说明(图6-29)和技术支持(说明与联系方式,图6-30)。

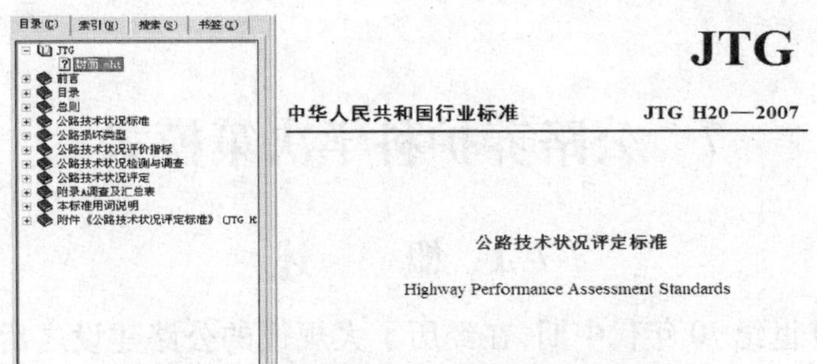

图 6-29 《路况评定系统》帮助文件

图 6-30 《路况评定系统》技术支持

7　公路养护科学决策模式

7.1　概　　述

20 世纪 70 年代中期，在经历了大规模的公路建设之后，突如其来的巨大公路养护需求、养护资金短缺和公众对快速安全出行要求的提高，使西方发达国家公路养护管理部门遇到了前所未有的新问题。面对突然到来的大规模公路养护时代，西方国家投入了巨大的人力、物力和财力，实施了系统的科学研究，开发了新的检测技术、检测装备、科学的决策理论、决策方法、基于全寿命的养护设计技术和新型养护材料，建立了现代养护决策制度体系。通过新技术的广泛应用，改变了传统的公路养护模式，缓解了公路养护的压力，使公路养护走上了可持续发展的道路。

30 多年后，国外遇到的问题在我国重现。公路建设的快速发展，使我国公路养护里程迅速增长，与此同时重载交通和交通量的快速增长和快速出现的路面大中修养护需求，使我国公路养护管理部门承受了巨大的压力。国外经验表明，大规模公路建设之后将是更大规模的公路养护。这一规律在我国高速公路上表现得尤为突出，在已通车 5 万多公里的高速公路中，早期(1988 ~ 1993 年)修建的公路已经基本达到了路面设计寿命，许多区间和路段需要实施大中修养护甚至改扩建工程。根据预测，到“十一五”末，我国高速公路的养护速度将超过建设速度。预计在不久的将来，高速公路的路面大中修养护里程将分别达到每年 7 000km 和8 000km，并长期维持在这一水平之上，每年的大中修养护里程将超过养护总里程的 15% ~20% 。为此，公路管理部门不得不面临长期、繁重的养护任务。

目前,我国在公路养护方面,无论是理念、模式、技术还是装备,都远远滞后于公路养护的需要,主要表现是:

(1)公路评价与养护决策以传统的经验方法为主,缺乏面向损坏、基于原因的养护计划性,由此造成大量的养护资金浪费。

(2)长期公路养护资金需求与养护费用投入缺乏科学的规划性。

(3)公路养护管理缺乏科学的监管手段,路面技术状况的检测方法落后,关键指标依靠人工检测。

(4)养护管理缺乏现代化的制度保障体系,新技术、新装备、新方法无法得到有效实施。

公路养护科学决策模式是我国公路养护管理的实际需要,也是公路发展的必然趋势。通过现代公路养护决策模式的研究与实施,将有力推进我国公路养护管理的科学化、现代化和规范化建设,改变以往的传统模式,促进公路养护的科技进步。

本章在回顾国内外公路养护管理技术、养护决策模式的基础上,根据我国公路养护管理的实际需要,提出了适合我国公路养护的科学决策模式及科学决策模式的主要技术组成,讨论了基于公路养护科学决策模式的公路养护规划与养护计划的内容组成及编制方法。

7.2 国外公路管理技术发展回顾

20世纪70年代以来,公路养护管理的标志技术是以路面管理系统为核心的现代养护决策技术。

7.2.1 路面管理系统的作用

在干线公路网基本形成之后,西方发达国家将公路发展的重点由建设转为管理。伴随着路面损坏大量且层出不穷地出现,公路管理人员体会到了养护管理的技术复杂性和路面修复工作的难度;意识到,为了在不断损坏的公路网中确定最需要养护的路段并实施及时的损坏修复,需要解决一系列的关键技术难题:如何准确了解公路网路面的使用性能变化状况?如何对路面的技术状况在“时间与空间”上进行标准统一的客观评价?如何科学地预测公路网的养护需求?用什么样的方法把有限的公路养护资金分配到最需要养护的路段上?如何修复已经损坏的路面才能使良好的路面使用性能得到更长久地保持?

基于上述技术需求,20 世纪 70 年代北美洲公路发达国家首先了提出基于现代检测、评价与决策技术的路面管理系统概念。路面管理系统概念一经提出,即被世界主要国家的公路管理部门、研究院所、学校、国际金融组织等机构采用。其中,美国、英国、德国、法国、芬兰、新西兰、澳大利亚、南非、世界银行和亚洲银行等国家和金融机构为了提高公路管理水平和公路投资的使用效益,投入了大量资金和技术力量,重点研究了路面使用性能评价技术和评价标准、路面长期使用性能预测技术、基于系统工程理论的路面养护决策技术、公路养护资金优化分配技术、包含道路用户费用的养护投资效益分析技术、全寿命周期费用分析技术和路面大中修养护设计技术。历时 20 余载,在关键技术研究的基础上,逐步完善和丰富了路面管理系统技术体系,建立了不同版本、适合不同公路管理体制和养护需求的路面管理系统,实现了公路评价、养护项目优先排序、路面使用性能预测、养护需求分析、资金优化分配和路面大中修养护全寿命周期设计的现代化、科学化和规范化。在几乎全面推广应用的同时,各国也制定了相关的路面管理系统及配套检测技术的应用规范、标准和制度。许多西方发达国家甚至通过立法,将基于路面管理系统评价与决策结果的公路养护规划与养护计划,作为“国会”每年一度的公路养护预算审批及养护资金使用效益评估的依据。

路面管理系统的推广应用有效提高了各国公路养护管理的水

平和养护资金的使用效益,促进了公路养护管理的现代化、科学化、规范化建设,主要效益表现在:

(1)与路面管理系统配套的路面检测技术与装备的应用,使公路养护部门能够准确、客观和快速地掌握路面使用性能和公路技术状况的变化趋势。

(2)路面管理系统的应用,使公路管理部门能够准确评估路面的技术状况,预测未来路面使用性能和公路养护需求,科学编制公路养护预算报告、年度养护计划和长期养护规划。

(3)基于路面管理系统的养护分析报告,已经成为许多国家政府部门(如国会、财政、审计等部门)年度财政预算审批和养护工程审计的基本依据。

(4)有关现代化的管理制度、规范和标准的制定,促进了现代养护决策模式的形成及普及。

(5)路面管理系统带动了相关新技术的广泛应用,提高了管理水平、养护效率和养护资金的使用效益。

公路养护科学决策的主要技术是路面管理系统。目前70%以上的国家和地区正在使用不同的路面管理系统。这些系统的应用在很大程度上促进了公路检测技术、检测装备、数据管理技术、数据分析技术、养护决策技术、养护规划及养护计划技术的进步。为了对公路资产实施全面有效的科学管理,英国、芬兰、南非、澳大利亚等国家还研究开发了以路面管理系统为核心的,包含路基、桥隧构造物和沿线设施的公路资产管理系统(Roads Assets Management System)。

在全面应用路面管理系统的同时,为了适应新的公路养护管理要求,西方发达国家对路面管理系统的模型、参数、标准、规范、装备、软件和政策进行了持续的研究。许多国家,如英国公路署已经完成了第三代路面管理系统的开发。在西方发达国家,路面管理系统已经是公路养护管理工作的重要组成部分，通过开发、推广和维护路面管理系统，来完成艰巨、复杂和年复一年的公路网检测、路况评定、养护分析、规划编制、计划制订和绩效评定等工作。在今天看来，没有路面管理系统，完成上述如此复杂的任务不可想象，也正因为如此，路面管理系统的作用在西方国家才愈显突出。

7.2.2　国外路面管理系统

(1)北美洲国家：北美地区是路面管理系统的发源地，许多研究机构、咨询公司和大学从事了路面管理系统技术、软件、装备和标准的研究工作。这些大学、研究所和咨询公司为加拿大各省和美国州公路局，开发了从简单到复杂的路面管理系统。其中，加拿大 Deighton 路面管理系统软件开发公司为加拿大 4 个省和美国部分州开发了路面养护分析决策软件 dTIMS 及公路地图管理软件 dMAP；美国陆军工程技术研究所开发了用于机场管理的 PAVER 路面管理系统。在美国和加拿大，路面管理系统是不统一的，各自开发各自的技术，自家使用自家的软件，由此导致软件功能不一致、数据格式不同统一、软件无法定期更新等问题。在发现上述问题之后，美国联邦公路局(FHWA)委托美国运输研究所(TRB)，针对路面管理系统的概念、功能、数据采集方法、检测设备、评价标准、养护分析要求等内容，进行了多项专题性研究，发布了用于统一和约束全国路面管理系统研究与应用的指南、方法、标准和规范。北美主要国家对路面管理系统的最大贡献是：①提出了包含网级(Network Level)和项目级(Project Level)的路面管理系统(PMS)概念；②发起了三年一次的路面管理系统国际会议。到 2008 年为止，由美国运输研究所参与组织的路面管理系统国际会议已经举办了 6 届。

(2)世界银行：20 世纪 80 年代，世界银行(World Bank)在南美地区的巴西实施了大规模的道路车速与油耗实验。正当路面管理系统被广泛关注，许多公司热衷于开发路面管理系统软件的时候，国外公路研究机构及世界银行等的道路养护管理专家发现，路面管理系统的关键技术不在软件，而是与路面状况变化相联系的长期性能、评价方法、检测理论、检测装备、用户费用（油耗、事故、时间）、行驶质量（车速与拥挤）和养护决策理论与方法等模型技术研究。意识到上述问题的重要性后，世界银行投入了大量资金，在巴西进行了大规模的车速观测和道路油耗实验，通过研究建立了道路平整度、坡度、曲度、路面宽度和交通量与车速及油耗的关系，奠定了路面管理系统及路面养护设计技术的基础，许多国家的路面管理系统养护分析模型采用了巴西实验结果。基于巴西实验，世界银行开发了著名的 HDM-III 公路设计与养护模型，并在许多国家和世界银行贷款地区使用。世界银行的另一项重要贡献是，基于巴西实验，提出了国际平整度指数 IRI（International Roughness Index）概念和模型，统一了道路平整度的评价尺度与计算方法。

（3）印度及东南亚：在巴西速度与油耗实验之前，南亚地区的印度中央道路研究所实施了一个大规模的速度与油耗道路实验和用户调查。根据实验结果，建立了包含拥挤速度在内的车辆运行速度预测模型和 5 种车型的发动机油耗预测模型。印度速度模型的重要成果是道路通行能力研究成果和通行能力速度的定义。印度油耗模型的重要突破是增加了道路平整度对油耗模型的影响。印度速度与油耗实验与早期的肯尼亚实验、加勒比海实验及后来的巴西实验统称为世界银行四大实验，实验成果构成了 HDM-III 的模型知识库的基本知识内容。由于路面管理系统技术研究成本高、技术难度大，许多国家，如东南亚的新加坡、马来西亚和文莱自己不开发路面管理系统，而采用国外的技术。在引进检测装备的同时，引进了诸如英国的路面管理系统，节省了资金。其缺点是，后期技术服务无法保障、任何一点的技术改进都需要很长周期、技术标准受制于国外。随着路面管理系统重要性的提高，为了改变上述被动局面，新加坡有关机构正在寻求通过与国外研究机构合作，通过联合技术研究，开发自主的路面管理系统及相关标准。

(4)澳大利亚和新西兰：南太平洋地区的主要国家包括澳大利亚和新西兰。澳大利亚在检测技术、装备和养护分析模型方面为路面管理系统发展作出了重要贡献。如前说述，澳大利亚道路研究所开发了许多公路检测设备，是最早开发道路几何数据检测技术和装备的国家之一。除此之外，澳大利亚道路研究所还通过对发动机油耗特性曲线(Engine Map)的分析，建立了具有理论性特征的油耗与功率转换模型，开发了 ARFCOM 汽车油耗预测模型(Biggs，1988a)。这一模型，后来被世界银行、亚洲银行、瑞典国家公路局和英国伯明翰大学共同开发的 HDM-4 所采用。

新西兰通过引进和标定澳大利亚的 ARFCOM 模型、世界银行的 HDM-III 养护分析模型和南非的油耗模型，建立了能适合新西兰公路交通条件的 NZVOC 车辆运营费用预测模型。在软件系统开发方面，为了吸取美国早期无组织开发路面管理系统的教训，新西兰运输部(Transit New Zealand)组织有关单位，实施了公路信息管理系统(RIMS)的研究开发，其中路面管理系统的核心技术是经过标定了的加拿大的 dTIMS 养护分析模型和世界银行的 HDM-4 模型。在路面管理系统使用组织方面，新西兰运输部借鉴了英国的经验，规定了全国统一的数据检测方法、设备标定方法、数据检测标准、养护分析要求和统一配置的软件系统等法规。目前新西兰 76 个公路管理部门正在使用由运输部组织开发的路面管理系统，占全国用户的 90% 以上。新西兰运输部制订的路面管理系统政策有许多特点，其中包括便于数据统一管理、节省软件重复开发费用、有利于软件统一升级换代、软件统一培训、模型参数统一更新和分析结果的快速汇总。新西兰运输部利用基于路面管理系统评价与决策结果的公路养护分析报告(养护规划与养护计划),向新西兰国会申报公路养护预算。公路养护分析报告由路面技术状况、10 年养护规划、年度养护需求和年度养护计划组成。国会根据公路网技术状况、年度养护需求和计划,参考 10 年滚动式养护规划,审批年度养护预算。新西兰运输部则将国会批准的养护资金,用路面管理系统优化分配到公路网最需要养护的路段及部门。实际上新西兰采用的是完整的英国式公路养护科学决策模式。

(5)南非:非洲地区的南非,尽管一度遭到世界的经济制裁,但是在路面管理系统技术研究方面并没有停滞不前,而且在路面管理系统经济评价模型方面提出了多项突出的技术成果,其中包括 Bester(1981b)提出的油耗模型。Bester 假设能量与油耗之间存在着线性关系,开发了能适应不同车辆性能和道路状况的理论油耗预测模型。南非的油耗预测理论,成功地解释了 20 多年前英国科学家在肯尼亚开发的统计油耗预测模型的合理构造及印度中央道路研究所油耗模型的非逻辑性。基于各种模型技术,南非公路科学研究院开发了南非的公路养护管理系统。

(6)欧洲国家:路面管理系统已经在英国、法国、德国、芬兰、瑞典、意大利、奥地利和瑞士等欧洲国家普遍使用。

芬兰早在 20 世纪 50 年代,就开发了芬兰国家道路数据库;1978 开发了项目级路面管理系统;1985 年开发了网级路面管理系统(FPMS)。FPMS 曾被我国交通部公路司引进(1988 年),在山东试点推广使用。

在路面管理系统研究、开发、推广组织和养护分析方面,英国积累了丰富的经验。与美国一样,英国早期的路面管理系统是从大学和咨询公司发展起来的,英国运输部所属的英国运输研究所(TRL)早期做了大量的基础性研究工作,包括路面养护分析模型、养护投资模型(如 COBA)、检测技术和检测装备。为了避免在英国出现美国路面管理系统不统一的局面，英国运输部委托英国运输研究所（TRL）负责整合、开发新一代、面向全国使用的具有统一格式、统一标准和统一软件的英国路面管理系统（UKPMS）。UKPMS具有标准的数据输出输入接口，能与公路数据库等各种信息系统包括英国公路市场使用的各种快速检测装备实现数据转换。为了规范UKPMS的使用，英国公路署制订了各种规章、制度和管理办法。其中包括：①路况快速检测装备的市场准入许可。除了英国运输研究所（TRL）外，英国WDM设备公司、国外的设备制造厂家也在英国出售各种路面损坏指标的检测设备，质量好坏不一。为了保证检测数据的精度，英国运输部委托英国运输研究所（TRL）负责设备包括检测数据分析软件（例如路面损坏识别软件）的标定与把关。TRL则研究了各种设备检测指标的检测标定方法。例如，2004年英国Jacob-Babtie公司从瑞典采购一套基于数字相机的路况检测装备，由于路面损坏图像自动分析软件的识别率一直达不到TRL的要求，多年以来仍在进行技术完善。②引进路况快速检测监理制度。英国干线公路路况一般通过招标委托咨询公司检测，但是政府规定，中标咨询公司在路况检测时，必须由第三方实施全过程的监理、经常性的设备标定和数据检验。③委托权威研究部门，定期研究、更新UKPMS模型参数，使公路养护分析能及时反映材料价格、车辆特性和新技术的变化。UKPMS模型参数的更新一般通过网站，经交通主管部门批准发布。④定期发布详细的养护分析技术指南和规范。⑤定期的技术培训和技术交流。

UKPMS是英国公路署实施路网公路技术状况监测、制订公路养护规划、编制公路养护预算、向国会申请公路养护资金和向全国9个公路养护分局、90个县级养护代理机构分配资金的工具。UKPMS也是英国公路养护管理部门和咨询公司基本的养护分析工具。在英国公路养护管理中，相当一部分的工作（规划、检测、分析、计划、项目管理）是围绕UKPMS实施的，UKPMS是英国公路管理部门工作的重要组成部分之一。

7.3 我国的技术能力

我国第一次接触路面管理系统是1983年交通部组织实施的中国与英国政府间的科技合作项目。从1983年开始，经过20多年的技术引进、关键技术攻关研究、自主技术开发和系统的推广应用，我国在公路检测、公路管理与养护技术方面取得了长足的发展。研究成果覆盖了路面快速检测技术、检测装备、公路评价技术、养护决策技术和相关的标准规范。

7.3.1 PMMS路面养护管理系统

路面管理系统概念的出现也受到我国国家交通主管部门、研究院所及各级政府公路管理部门的关注及重视。为了引进、吸收、研究和开发我国自己的公路养护管理新技术，经交通部批准，通过中国与英国政府间科技合作项目（1984～1985年），引进了英国的BSM路面管理系统。在辽宁营口市试点应用的基础上，结合当时国内公路养护管理的特点，基于BSM技术和构架，在1985年，研究开发了我国第一套具有中英混合技术的PMMS路面养护管理系统，并在福建龙岩和云南试点应用。PMMS在研究过程中得到了英国海外开发署和项目执行单位伯明翰大学及英国运输研究所（TRL）等国际机构的支持，它的意义在于为我国通过国家科技攻关项目大规模研究路面管理系统提供了经验、培训了人才。

7.3.2 路面管理系统（CPMS）

为全面研究路面管理系统新技术，1986年交通部科技司委托交通部公路科学研究所主持研究了“七五”国家重点科技攻关项目“干线公路路面养护评价成套技术”。项目研究历时5年，50多位有经验的工程技术人员参加了研究和实验工作。

在实施“七五”国家重点科技攻关项目“干线公路路面养护评价成套技术”过程中,为了及时吸收国外的经验和新技术,1988 年交通部科技司委托交通部公路科学研究所,组织了世界银行 HDM-III 公路设计与养护模型在云南的引进与推广试点工作(1988 ~ 1990 年)。出于同样的目的,1989 年交通部公路司委托交通部公路科学研究所,组织实施了芬兰路面管理系统在山东济宁市的引进与试点应用工作(1989 ~ 1990 年)。

通过深入的理论研究和大量的野外道路实验,在充分吸收国外新技术和成熟经验的基础上,交通部公路科学研究所在项目参加单位的支持下,依托“七五”国家重点科技攻关项目“干线公路路面养护评价成套技术”,历时 5 年于 1990 年研究开发成功了具有我国自主知识产权的“干线公路路面管理系统(CPMS:Pavement Management System for China Highways)”。CPMS 包含了对沥青、水泥和砂石路面的养护管理,主要作用是协助公路管理部门实施:①路况评价分析(包括路面使用性能和交通量等各种道路因素的评价分析);②养护需求分析(预测各年度的路面大中修养护费用和养护措施);③养护投资分析(分析不同投资水平对路面使用性能的影响);④养护资金优化分配;⑤公路养护计划编制。

为了推进我国公路养护管理现代化,1991 年,交通部决定依托“八五”和“九五”国家重点新技术推广项目“干线公路路面管理系统(CPMS)推广应用”项目,利用 10 年的时间,在全国分两批、有计划地全面推广应用了路面管理系统(CPMS)成套技术。为了推动 CPMS 推广工作,交通部成立由公路司、计划司和科技司等司局主要领导组成的推广工作领导小组,同时成立了由交通部公路科学研究所主要研究人员组成的推广工作小组,负责全国 CPMS 的推广工作。

经过“八五”和“九五”10 年国家重点新技术推广应用,目前 CPMS 已经在全国 28 个省市得到推广应用。CPMS 推广的目的是为了推进我国公路养护管理现代化建设,通过新技术推广,让有条件的省市使用 CPMS,没有条件的省市了解技术、条件具备时再推广。10 年的 CPMS 推广使全国 10 多个省区市(河北、山东、浙江、天津、辽宁、四川、新疆和宁夏等)已经将 CPMS 应用纳入了正常工作计划,依靠 CPMS 分析公路养护需求,编制公路养护计划。

在实施路面管理系统(CPMS)推广应用(1991 ~ 2000 年)的同时,为提高路面管理系统基础模型的技术水平、分析能力和适应养护要求的先进性,交通部委托交通部公路科学研究所,承担了“九五”国家重点科技攻关项目“公路投资综合效益分析系统的研究”项目。经过系统的国内外文献研究,深入的理论分析和大规模的野外道路实验验证,进一步开发和完善了包括车速预测模型、通行能力预测模型、油耗预测模型、事故费用预测模型、时间费用预测模型和投资效益分析模型等路面管理系统需要的一系列经济评价方法和模型,上述模型构成了路面管理系统(CPMS)养护分析与决策的基础。

7.3.3　国省干线及高速公路管理系统(CPMS NTHS)

为了满足不断增长的、包含高速公路在内的各级公路养护管理的新一代需求,交通部公路科学研究所,在路面管理系统(CPMS)技术的基础上,经过多年的研究,于 2001 年开发了“国省干线及高速公路管理系统(CPMS NTHS)”。国省干线及高速公路管理系统的主要作用是为我国公路提供全过程的科学化公路评价与养护决策的大型软件平台,主要组成包括:

(1)公路技术状况检测。

(2)公路技术状况评定。

(3)公路评价与养护决策。

(4)中长期养护规划。

(5)年度养护计划。

(6)日常养护管理。

(7)养护工程管理。

(8)养护绩效评定。

目前,我国东部和中部地区的辽宁、北京(京通)、河北、山东、山西、湖北、江西、浙江、福建、广西、广东、宁夏等省区市150条高速公路配置了188套功能不同的CPMS NTHS系统和相关设备。

7.3.4 CPMS资产管理系统

在国省干线及高速公路管理系统的基础上,结合交通部最新颁布的《公路技术状况评定标准》(JTG H20—2007)和2003～2007年度交通部西部交通建设科技项目"沥青路面快速检测及养护技术的研究"科技成果,交通部公路科学研究院公路养护管理研究中心于2008年提出了CPMS资产管理系统概念和研究范畴(图7-1),开发了CPMS资产管理系统技术及配套的检测装备(表7-1),从而实现了从路线、路基、路面、桥隧构造物到沿线设施的公路资产技术状况采集、性能评价、养护决策、养护规划、养护计划、养护工程和养护资金效益评估全过程的现代化科学管理。

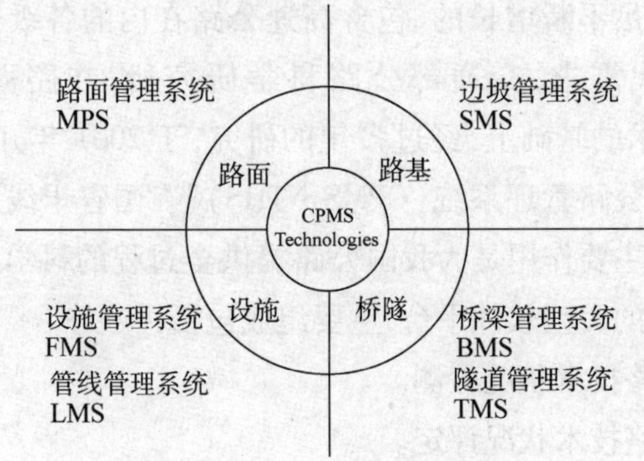

图7-1 CPMS资产管理系统

CPMS 资产管理系统及配套的检测装备 表 7-1

<table>
<tr><th>编号</th><th colspan="2">分 类</th><th colspan="2">内容和组成</th><th>备 注</th></tr>
<tr><td>1</td><td colspan="2">路况快速检测(设备)</td><td>CiCS/ CiAS</td><td>路况快速检测系统</td><td>路面损坏、平整度、路面车辙、前方图像</td></tr>
<tr><td>2</td><td colspan="2">路基设施调查(仪器)</td><td>RCR</td><td>路况数据采集仪</td><td>路基、桥隧构造物、沿线设施技术状况调查</td></tr>
<tr><td>3</td><td colspan="2">抗滑性能检测(设备)</td><td>RiCS</td><td>抗滑性能检测系统</td><td>基于横向力系数的抗滑性能</td></tr>
<tr><td>4</td><td colspan="2">数据管理</td><td>DataInfo</td><td>公路数据库</td><td>路线、路面、路基、桥隧构造物、沿线设施、绿化等</td></tr>
<tr><td>5</td><td colspan="2">模型管理</td><td>RDmodels</td><td>公路模型库</td><td>标准、各种模型、各种参数、材料单价等</td></tr>
<tr><td>6</td><td colspan="2">路线管理</td><td>RSD</td><td>路线评价系统</td><td>线形数据、运行质量评价</td></tr>
<tr><td>7</td><td colspan="2">路面管理</td><td>NetPMS</td><td>路面管理系统</td><td>路面评价、养护需求、预算需求、投资效益、优化分配、养护计划</td></tr>
<tr><td>8</td><td colspan="2">路基管理</td><td>SMS</td><td>路基边坡管理系统</td><td>技术状况评价、灾害预警、养护需求、养护计划</td></tr>
<tr><td>9</td><td colspan="2">桥梁管理</td><td>BES</td><td>桥梁评价系统</td><td>等级评定、养护决策、优化排序、养护计划</td></tr>
<tr><td>10</td><td colspan="2">隧道管理</td><td>TMS</td><td>隧道管理系统</td><td>技术状况评价、灾害预警、养护需求、养护计划</td></tr>
<tr><td rowspan="5">11</td><td rowspan="5">日常养护</td><td>路面</td><td rowspan="5">RoMS</td><td rowspan="5">日常养护管理系统(路基、路面、桥隧构造物、设施)</td><td rowspan="5">路面、路基、桥隧构造物、沿线设施、绿化等的日常养护计划需求、任务排序、任务审批、工程决策</td></tr>
<tr><td>路基</td></tr>
<tr><td>桥隧</td></tr>
<tr><td>设施</td></tr>
<tr><td>绿化</td></tr>
<tr><td>12</td><td colspan="2">公路评定</td><td>MQI</td><td>路况评定系统</td><td>《公路技术状况评定标准》(JTG H20—2007)及 CPMS 配套评价软件</td></tr>
</table>

续上表

编号	分　类	内容和组成		备　注
13	养护报告	MR	养护报告制作系统	自动生成公路养护规划与养护计划（现状、需求、预算、效益、计划）
14	工程管理	MPC	养护工程管理系统	养护工程项目的全过程管理
15	前方图像	RDView	前方图像管理系统	前方图像
16	养护分析	CMAP	公路养护分析决策平台	公路数据、路面图像、识别结果、前方图像、地图信息、评价结果、决策结果、养护计划的全景信息展示、分析系统

7.3.5　政策及保障措施

1991 年以来，为了在全国做好路面管理系统（CPMS）的推广应用工作，交通部和有关省市制订了有关政策、法规，提出了有关要求。这些政策和法规及要求包括：

（1）1991 年交通部成立了 CPMS 全国推广工作领导小组和工作小组，发布了有关 CPMS 推广应用的规定。

（2）在《公路养护技术规范》（JTJ 073—1996）、《公路沥青路面养护技术规范》（JTJ 073.2—2001）和《公路水泥混凝土路面养护技术规范》（JTJ 073.1—2001）中增加了现代化检测指标和评价标准。

（3）委托交通部公路科学研究院等单位编写了《高速公路养护质量检评方法（试行）》和《公路技术状况评定标准》（JTG H20—2007）。

（4）在交通部《（1991 ~ 2000 年）公路养护与管理发展纲要》中，提出了面向全国推广应用 CPMS 技术的发展规划。

(5)在交通部《(2001～2010年)公路养护与管理发展纲要》中，提出要在推广应用CPMS的基础上，进一步发展公路信息化管理技术，实现公路信息化管理的跨越式发展的要求。

(6)许多省市结合养护管理需要，发布了《路面管理系统(CPMS)使用管理办法》相关标准。

(7)在2006年5月的全国公路养护管理工作会议上(山东)，交通部提出要求全国公路养护根据“路面管理系统(CPMS)和桥梁管理系统的评价结果，适时安排公路大中修工程，全面提高路况水平”(冯正霖副部长关于“认真落实科学发展观，努力提高公路交通网络的公共服务能力”的报告)。

上述政策、措施和法规，为CPMS技术的不断发展进步和各省区市CPMS推广应用工作的顺利实施提供了保障。

7.4 公路养护的科学决策模式

7.4.1 科学决策模式

养护决策是公路养护工作的重要组成部分，是公路养护管理部门的主要工作。传统的公路养护决策方法是以人工调查、主观决策为主的经验型决策模式。这种传统的经验型决策模式是在特定时期，为适应特定时期技术经济环境及公路养护需求，而形成的一种模式化的决策方法。传统决策模式的优点是决策简单，效率高，不占或少占用资源；缺点是，养护决策主观随意性大，主观决策常常导致应该养护的没有及时养护，不需要养护的却提前养护，另一方面公路养护缺乏科学的规划性和计划性，决策的主观性和只考虑现状不问长期效果的决策方法经常造成严重的资金浪费，同时也使公路尤其是路面处于经常性的维修状态，降低了公路的服务水平和投资效益。

随着我国公路养护规模的迅速扩大、交通量的快速增长和社会对公路服务水平(行驶质量、运行速度和行车安全性)期望的提高,传统的养护决策模式已经远远不能适应以快速、安全、舒适为服务宗旨的现代公路养护要求,公路的快速发展要求建立一种新的养护决策模式。通过建立新的公路养护决策模式,改变现有决策方式的缺点,提升现代技术条件下的科学决策能力,使公路养护资金发挥最大的效益。

新的养护决策模式的产生依赖于成熟的社会环境、技术条件、装备能力和管理水平,并且新模式需要有广泛的可接受性。综合国外的成功经验,以及我国的技术能力、装备条件认为,我国的养护决策模式,应该是以提升公路检测、科学决策、长期规划、年度计划、项目管理、效益评估和制度保障(图 7-2)技术水平为核心的公路养护科学决策模式。

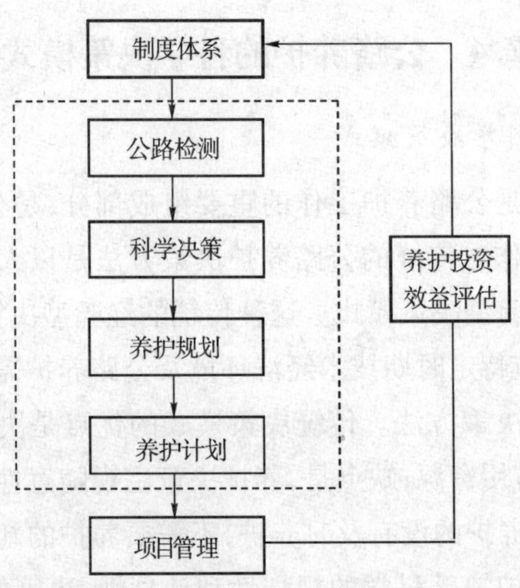

图 7-2　公路养护管理的主要内容

目前,我国还没有形成成熟的公路养护科学决策模式,但是浙江、山东、广东高速、四川等省区市公路管理机构和高速公路经营企业,通过公路快速检测技术及装备的引进、以路面管理系统为核心的 CPMS 资产管理系统的建立和相关的制度保障体系的研究，正在实践和完善公路养护科学决策模式。在以公路检测、科学决策、长期规划、年度计划、项目管理、效益评估和制度保障为主要内容的现代养护决策模式中，核心要素是标准、规范和制度保障下的快速检测与科学决策（图 7-3）。

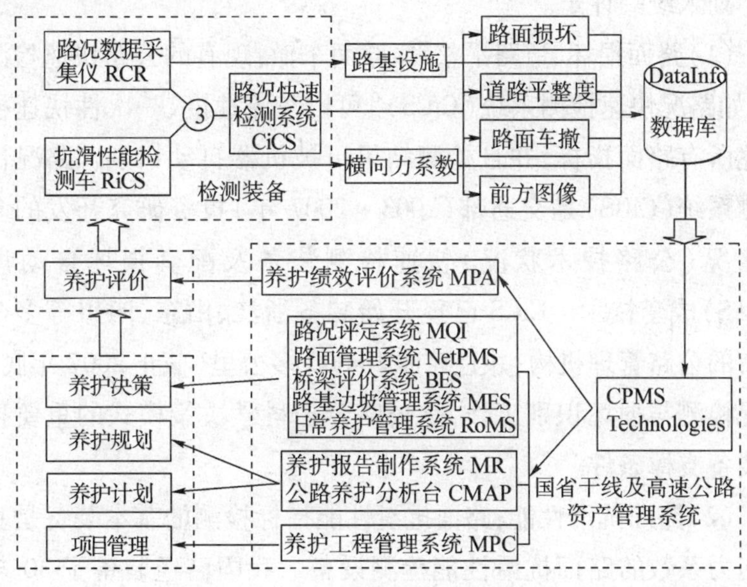

图 7-3 公路养护科学决策模式

7.4.2 决策模式的支撑技术

公路养护科学决策模式需要成熟的技术支撑。如前所述，经过 20 多年的研究，我国已经具备了现代公路养护决策的技术能力和装备条件：

①快速可靠的公路检测技术及装备。

②以养护决策为核心技术的 CPMS 资产管理系统。

1）公路检测技术及装备

《公路技术状况评定标准》（JTG H20—2007）的常规技术状况检测内容包括路基、路面、桥隧构造物、沿线设施。其中，最为重要的是路面使用性能的检测，检测指标包括路面损坏、道路平整度、路面车辙、路面抗滑性能和路面结构强度5项内容。在上述检测指标中，路面损坏、道路平整度和路面车辙为经常性的年度检测的指标，抗滑性能检测只需针对高速公路和一级公路且每两年检测一次，路面结构强度不是强制性检测指标，根据需要检测，检测结果不列入统一评定。

(1)路面损坏、道路平整度、路面车辙：现有的公路快速检测设备[如路况快速检测系统(CiCS)]可以车流速度、一次性快速检测上述所有路面指标，并且检测结果可被机器自动识别。路况快速检测系统(CiCS)是交通部(2003～2007年)投资研究开发的多功能路况(公路技术状况)快速检测装备及配套损坏自动识别(CiAS)成套技术。CiCS已经开始装备浙江、山东、四川等多个省区市的公路管理机构，并且完成10 000多公里(截止2007年底)的路况检测与损坏识别工作，是公路养护科学决策模式的重要技术及装备支撑条件。

(2)路面抗滑性能：路面抗滑性能指标检测的基本装备是基于横向力系数的路面抗滑性能检测设备。我国已经装备了30多套基于横向力系数的路面抗滑性能检测设备(RiCS)，RiCS是公路安全性能检测、评价及路面防滑修复决策的设备。

(3)路基、桥隧构造物和沿线设施：根据国外及我国的技术条件，路基、路面、桥隧构造物和沿线设施技术状况的检测应采用基于路况数据采集仪(RCR/ PCR)的人工现场调查方法。路况数据采集仪(RCR)的作用是提高现场调查的工作效率和质量，同时RCR也是公路技术状况(MQI)现场评定的基本工具。

(4)路面弯沉：虽然公路技术状况评定标准中没有将弯沉检测列为强制性检测指标，但路面弯沉仍然是路面大修养护设计的重要依据。由于FWD与我国规范上的BB(贝克曼梁)没有可靠的比较关系，因此，对 CPMS 确定为大修养护的路段，在实施以路面大修养护为目的的项目级路面弯沉检测时，应配备贝克曼梁或路面自动弯沉仪。

2）公路养护决策技术

公路养护决策技术的基本工具是 CPMS 资产管理系统。CPMS 包括公路数据库、路况评定系统、公路模型数据库、路面管理系统、桥隧评价系统、边坡管理系统、日常养护系统、养护工程管理系统、养护绩效评价系统等，主要作用包括：

（1）路况快速检测与数据管理。

（2）公路技术状况评定。

（3）公路养护决策。

（4）中长期养护规划。

（5）年度养护计划。

（6）日常养护管理。

（7）养护工程跟踪管理。

（8）养护绩效评价。

图 7-4 描述了在公路检测、科学决策、长期规划、年度计划、项目管理、效益评估各个环节中，CPMS 资产管理系统所能发挥的作用。

CPMS 养护决策需要各种模型和参数的支持，其中包括公路评价模型、评价标准、路面使用性能预测模型、寿命周期费用模型、经济评价模型、速度预测模型、车辆运营费用（油耗、轮耗、配件损耗）模型、时间费用模型、事故模型和养护决策模型。应用 CPMS 的关键是合理确定 CPMS 各种模型参数。在实施 CPMS 养护决策时，需要对各种模型尤其是费用和预测模型定期标定。

7.4.3　管理机构的作用

现代养护决策模式需要通过公路管理机构实施，不同的管理机构有不同的作用。

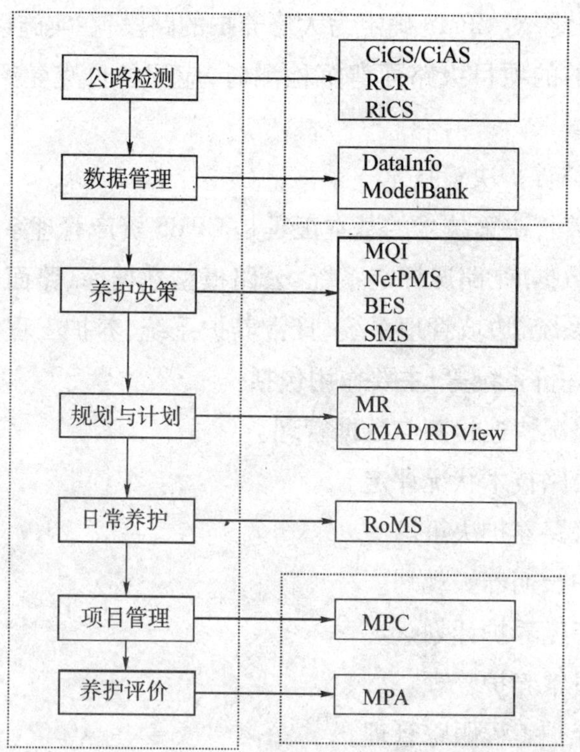

图 7-4　CPMS 资产管理系统在模式中的作用

1)省级公路局或省级高速公路经营企业

省级公路局或省级高速公路经营企业作为全省公路网的主管机构,主要负责:

(1)下达年度公路检测任务。

(2)监督全省公路检测工作。

(3)实施全省范围的养护决策,组织编写滚动式《10 年公路养护规划》和《年度公路养护需求(预算)》。

(4)面向整个公路网,优化分配公路养护资金,根据《10 年公路养护规划》和《年度公路养护需求(预算)》,编制《年度公路养护计划》,下达养护任务。

(5)跟踪、监督和检查《年度公路养护计划》执行情况。

(6)实施养护项目的效益评价和绩效评定。

(7)编制、修订或更新必要的技术规范、标准和制度。

(8)实施经常性的技术培训和技术升级。

2)地市公路局或高速公路经营企业

地市公路局或高速公路经营企业作为次级公路管理机构,主要负责:

(1)组织或协助有关公路检测咨询公司,落实每年一度的公路检测任务。

(2)实施管辖路段的技术状况评定与科学养护决策,编制《年度公路养护需求(预算)》,上报省公路局或省级高速公路经营企业,申请年度公路养护资金。

(3)面向区域公路网,优化分配给定的公路养护资金,编制《年度公路养护计划》。

(4)组织实施和检查《年度公路养护计划》。

7.4.4 制度保障体系

为了加强公路的养护管理工作,确保公路养护科学决策模式(体系)能够有效运行,需要研究建立适合不同省区市特点、能满足管理需要的制度和办法。通过法规体系的建设,推进公路养护管理规范化和制度化。法规体系主要包括:

(1)《公路养护科学决策模式(体系)管理办法》,内容包括科学化管理的主要依据、目的和作用、各级管理部门职责和任务、系统的维护与更新、数据采集频率、使用资质确认和应用保障措施等。

(2)《公路养护规划和养护计划的编制办法》,内容包括目的、数据来源、规划构成、计划内容、分析依据和分析方法等。

(3)《路况检测装备的技术要求与检测规定》,内容包括路况检测指标体系、各指标可用的检测装备、装备可靠性评价方法、检测指标标定方法、路况检测监理规定、检测数据的处理方法、检测结果格式要求、与 CPMS 数据库数据的关系等。

(4)《现代公路养护决策技术规范》，建立现代养护决策模式的技术规范，内容包括各系统的作用、分析的基本规则、标准的取值、模型参数设置、预测模型标定、决策模型调整、基本分析和数据格式等。

7.4.5 保障措施

为保障公路养护科学决策模式的长期、有效和制度化运作，在建立相应法规体系的基础上，需要加强保障措施和技术支持的力度，有关措施包括：

1)人力资源培训

通过定期的公路养护与管理人员技术培训，提高公路养护与管理工程师的管理水平和技能。

2) 定期技术交流

通过定期举办公路养护科学决策模式相关技术经验交流会，参加国内或国外路面管理系统国际会议，开阔思路，吸取经验。

3)关键支持技术研究

瞄准国际先进水平，开展必要的关键技术研究：

(1)结合常规养护管理工作，采用现代化的路况快速检测装备，建立路面损坏基础数据的长期观测机制。通过大规模的观测数据分析，研究路面损坏的规律、损坏原因与损坏修复技术，定期标定路面使用性能预测模型。

(2)研究路面大中修养护周期，分析不同路面养护方案对大中修养护的影响，提出解决方案，不断完善和更新养护决策模型。

(3)配合现代养护决策模式建设，研究路面大中修养护设计技术，提出能解析路面早期损坏、道路平整度衰变和路面裂缝等损坏现象的包含路面强度、道路平整度、路面损坏和车辙指标等的路面养护设计理论。

(4)研究预防性养护的条件、时机和方法,用研究成果及时更新 CPMS 预防性养护模型参数。

7.5 公路养护规划

公路养护规划的目的是根据现有的公路养护技术状况,预测未来公路,特别是路面的使用性能、养护需求、资金需求、投资效益等关键因素时间序列变化趋势,通过科学的中长期(10 年)养护投资安排、养护标准的选择,提出合理的长期投资规模,优化养护资金的使用方案,降低全寿命周期费用成本,提高公路的服务水平。公路养护规划的目标是通过科学、系统的公路养护规划,了解未来、导向未来、把握未来。

根据我国经验、国内的技术条件,我国公路养护规划的主要内容应至少包括公路(路面)使用性能发展趋势、未来公路技术状况评价结果、公路的服务水平、养护需求和养护投资效益分析等技术内容。

7.5.1 长期使用性能预测

路面是公路的主要组成部分。路面的长期使用性能是路面损坏修复时间、修复对策、修复费用、运行速度、车辆运营费用、旅行时间费用和事故费用等的影响因素之一,是路面养护优化决策和寿命周期费用分析的关键指标,也是养护规划编制的基本依据。

路面使用性能的变化,取决于原有的路面结构、交通流量、交通组成、超载比例、超载率、使用时间、气候条件、路面养护方案(大中修)、养护时间、日常养护效果等多种因素。图 7-5 描述了路面使用性能受外界因素影响变化的预测模型。依靠长期的数据观测、多年 CPMS 大规模推广应用经验和专家调查信息,我国已经初步建立了包含不同路面结构及养护方案组合的路面使用性能预测基础模型。在定期标定的基础上,利用这些性能预测模型,可为公路网提供一个以时间(10 年)和空间(路网)为单元的路面使用性能预测矩阵。为了解掌握未来路面使用性能的变化规律提供了基础数据。

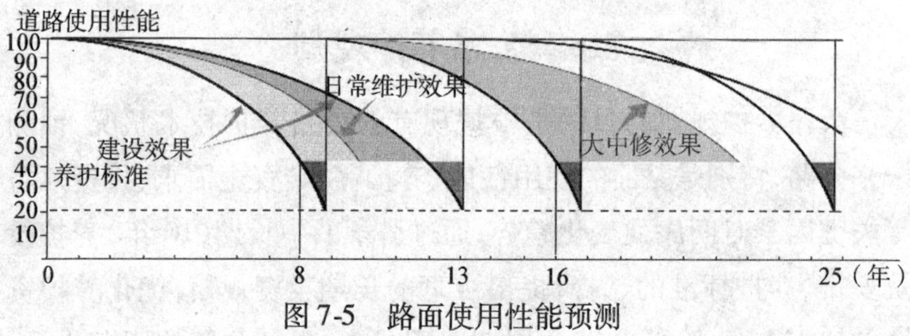

图 7-5 路面使用性能预测

7.5.2 未来公路技术状况评价

未来公路技术状况评定结果是养护决策的基础和现代公路养护规划的主要内容。基于路面使用性能预测矩阵,依据《公路技术状况评定标准》(JTG H20—2007)规定的评价方法和相关评价模型,CPMS 将为公路网所有路段,提供一个按里程排序的时间序列公路技术状况评价结果。评价指标包括路面损坏(PCI)、行驶舒适性(RQI)、路面车辙(RDI)、抗滑性能(SRI)和路面结构强度(PSSI)。

7.5.3 服务水平评价

运行速度是公路服务水平(运行速度、行驶舒适性、行车安全性)评价的重要指标之一,也是公路通行能力评价、寿命周期费用分析及公路改扩建决策的主要依据。

基于 30 多年国内外速度文献分析结论,交通部公路科学研究院依托国家重点科技攻关研究项目,通过深入的理论分析和大规模的野外道路速度实验,确定了运行速度与车辆动力特征、路面宽度、道路坡度、曲度、道路平整度、载重、超载水平、海拔高度等因素的关系,建立了包含自由流和拥挤状态的速度预测模型,据此可建立包含上述不同因素的公路车辆或车流的运行速度分布函数(图 7-6)。

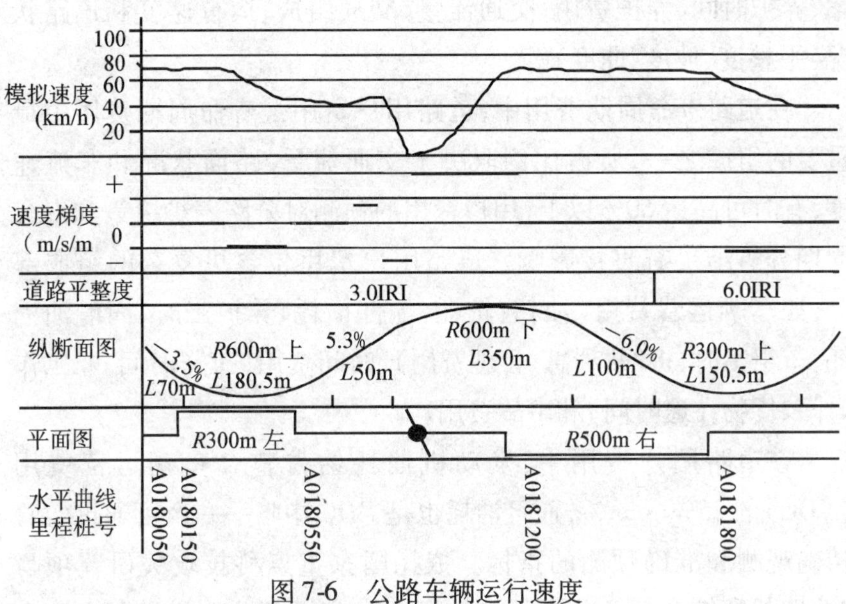

图 7-6 公路车辆运行速度

7.5.4 寿命周期费用预测

道路寿命周期费用的基本组成包括初期建设费用、后期养护（含运营）费用和道路用户费用三部分。三部分费用相互关联、动态变化（图 7-7），而变化的影响因素是路面结构、建设费用、养护方

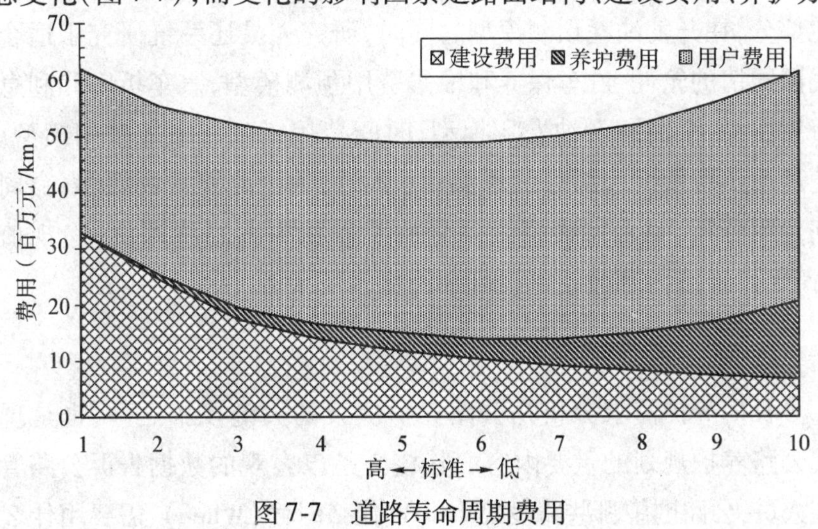

图 7-7 道路寿命周期费用

案、养护时间、养护费用、交通流量、交通组成、运行速度和道路状况(平整度、坡度、曲度)等。

在道路寿命周期费用中,道路用户费用是寿命周期费用中最重要的组成之一,所占比例取决于交通流量、路面状况和车流速度,有时可高达60%以上,用户费用的预测对公路养护决策和寿命周期分析结果有直接影响。道路用户费用包含更复杂的组成部分,如车辆运营费用(油耗、轮耗、配件损耗、养护工时、润滑油消耗、车组工时、折旧、利息、管理费用)、时间费用(工作时间、非工作时间、货物在途时间)和事故费用。

在道路用户费用中,发动机油耗约占整个车辆运营费用(VOC)的25% ~33%,而且油耗也是VOC中唯一一个可通过实验精确观测和准确预测的指标。依托国家重点科技攻关研究项目"公路投资综合效益分析系统的研究",交通部公路科学研究院在理论分析、大规模野外实验和计算机模拟的基础上,开发了近30种不同发动机类型的油耗预测模型。

以往的道路用户费用往往只是通过简单的油耗费用比例系数预测其他的用户费用组成。为了更准确地预测道路用户费用的其他部分,在开发油耗预测模型的同时,研究人员还系统研究了适合我国国情的轮耗、汽车保养和维修费用预测模型,汽车折旧和利息费用模型,车辆润滑油费用模型,时间费用模型和事故费用模型。通过用户费用组成部分的预测(图7-8),为公路养护决策、寿命周期费用分析(LCC)、投资效益分析及养护方案经济评价[净现值(NPV)、经济内部收益率(EIRR)]提供了基础。

7.5.5 长期养护需求分析

长期养护需求分析是公路养护决策的关键技术之一,也是现代公路养护规划的重要内容。其核心是以客观的数据告诉公路管理人员,公路网中哪些路段(Where)、什么时候(When)、需要用什么样的方法实施养护(What)才能以最低的养护投入得到期望的服务水平。

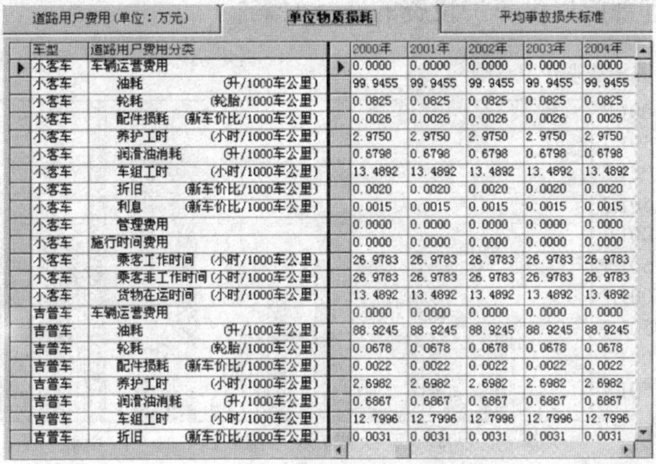

道路用户费用(单位:万元)　单位物质损耗　平均事故损失标准

车型	道路用户费用分类	2000年	2001年	2002年	2003年	2004年
小客车	车辆运营费用	0.0000	0.0000	0.0000	0.0000	0.0000
小客车	油耗 (升/1000车公里)	99.9455	99.9455	99.9455	99.9455	99.9455
小客车	轮耗 (轮胎/1000车公里)	0.0825	0.0825	0.0825	0.0825	0.0825
小客车	配件损耗 (新车价比/1000车公里)	0.0026	0.0026	0.0026	0.0026	0.0026
小客车	养护工时 (小时/1000车公里)	2.9750	2.9750	2.9750	2.9750	2.9750
小客车	润滑油消耗 (升/1000车公里)	0.6798	0.6798	0.6798	0.6798	0.6798
小客车	车组工时 (小时/1000车公里)	13.4892	13.4892	13.4892	13.4892	13.4892
小客车	折旧 (新车价比/1000车公里)	0.0020	0.0020	0.0020	0.0020	0.0020
小客车	利息 (新车价比/1000车公里)	0.0015	0.0015	0.0015	0.0015	0.0015
小客车	管理费用	0.0000	0.0000	0.0000	0.0000	0.0000
小客车	旅行时间费用	0.0000	0.0000	0.0000	0.0000	0.0000
小客车	乘客工作时间 (小时/1000车公里)	26.9783	26.9783	26.9783	26.9783	26.9783
小客车	乘客非工作时间 (小时/1000车公里)	26.9783	26.9783	26.9783	26.9783	26.9783
小客车	货物在运时间 (小时/1000车公里)	13.4892	13.4892	13.4892	13.4892	13.4892
吉普车	车辆运营费用	0.0000	0.0000	0.0000	0.0000	0.0000
吉普车	油耗 (升/1000车公里)	88.9245	88.9245	88.9245	88.9245	88.9245
吉普车	轮耗 (轮胎/1000车公里)	0.0678	0.0678	0.0678	0.0678	0.0678
吉普车	配件损耗 (新车价比/1000车公里)	0.0022	0.0022	0.0022	0.0022	0.0022
吉普车	养护工时 (小时/1000车公里)	2.6982	2.6982	2.6982	2.6982	2.6982
吉普车	润滑油消耗 (升/1000车公里)	0.6867	0.6867	0.6867	0.6867	0.6867
吉普车	车组工时 (小时/1000车公里)	12.7996	12.7996	12.7996	12.7996	12.7996
吉普车	折旧 (新车价比/1000车公里)	0.0031	0.0031	0.0031	0.0031	0.0031

图 7-8　道路用户费用预测

养护需求分析主要对象是路面,分为养护标准约束下的养护需求分析和服务水平约束下的养护需求分析:

(1)养护标准约束下的养护需求分析,是根据公路网所有养护路段的路面使用性能各项指标评价结果,在养护标准约束下,通过一定的优化决策,确定养护规划分析期限(10 年)内,各年度路面大中修和日常养护的修复方案、修复费用、修复位置和修复后路面的使用性能。

(2)服务水平约束下的养护需求分析,是在服务水平限制下,根据公路网当前的路面使用性能和预测的路面使用性能,通过不同的优化决策技术,确定分析期内路面使用性能维持在要求的服务水平之上所需要的最小养护投入(图 7-9)、养护位置和养护方案。

7.5.6　长期养护投资效益

长期养护投资效益分析的目的是通过建立公路养护投资与路

面长期使用性能的数学关系(图 7-10),分析养护投资对路面使用性能各项指标的影响,提出公路养护长期投资政策和养护标准,为公路管理部门提供养护投资的选择方案。

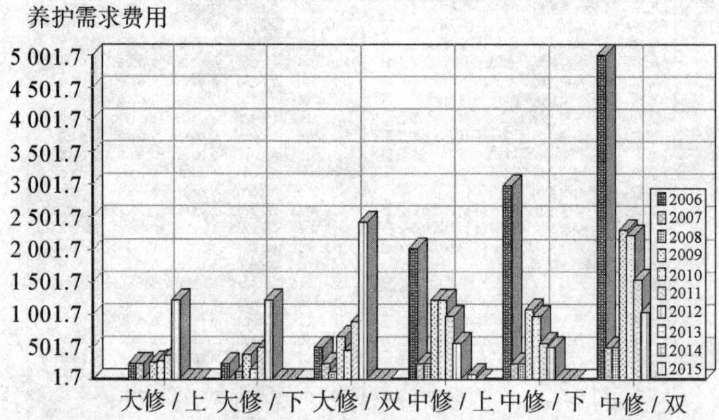

图 7-9　养护需求(费用)时间序列统计分布

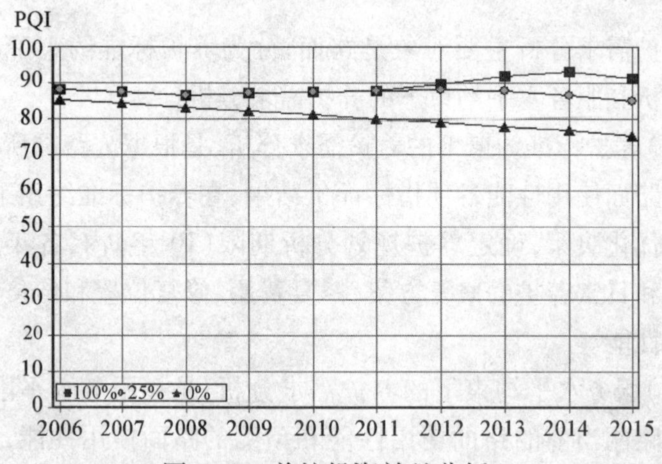

图 7-10　养护投资效益分析

投资效益分析的核心是道路寿命周期费用分析技术。基于确定的路面养护方案、养护时间、养护费用及由此导致的路面长期使用性能和运行速度变化,CPMS 养护投资效益分析模型,将预测由路面养护引起的用户费用(车辆运营费用、旅行时间费用、事故费用）和后期再养护费用，据此分析公路养护的投资效益及养护方案的经济可行性（LCC、EIRR）。

图 7-11、图 7-12 描述的分别是公路养护投资基本足够和严重不足时的公路网路面使用性能的变化趋势。图 7-12 说明，养护资金严重不足时，公路网的路面使用性能将很快从“优良”状态变成“次差”状态。

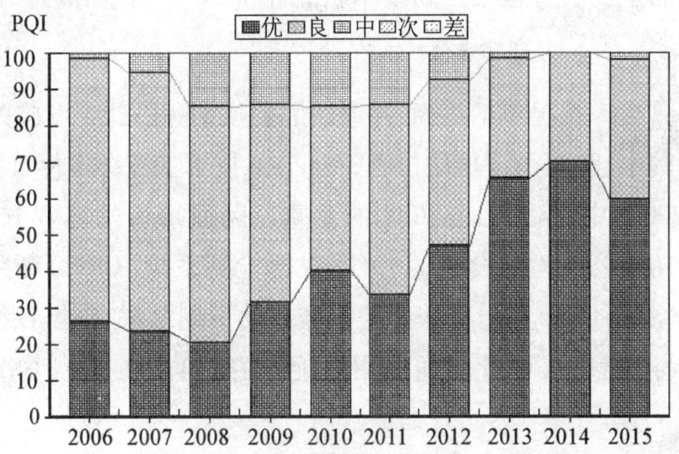

图 7-11　投资足够时公路网的路面使用性能变化

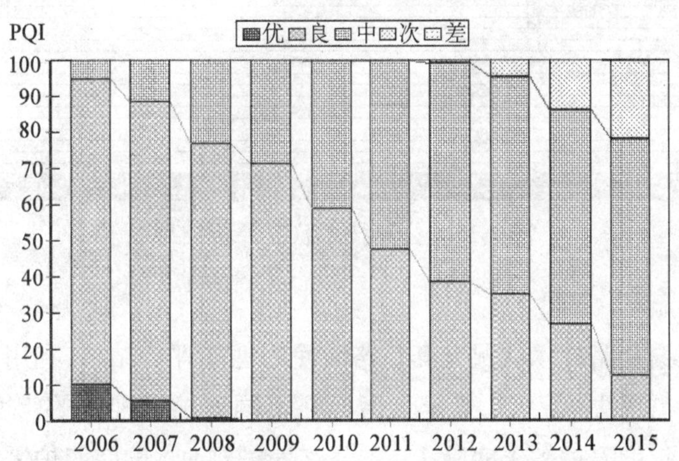

图 7-12　投资不足时公路网的路面使用性能变化

7.6 公路养护计划

公路养护计划的目的是,在当前年度公路技术状况评价的基础上,了解未来一年公路特别是路面的养护需求,实施科学的公路养护资金优化分配,确定满足养护资金约束要求的大中修养护项目、养护项目优先顺序、养护方案、养护位置和养护费用。公路养护计划的主要内容包括公路技术状况评价、养护需求和养护计划。

7.6.1 公路技术状况评价

公路技术状况包括路面、路基、桥隧构造物和沿线设施四部分内容。其中,路面是评价的核心,在《公路技术状况评定标准》(JTG H20—2007)中,路面占有70%的比重。路面评价的基本方法是,基于多功能公路检测设备[如路况快速检测系统(CiCS)和路面损坏识别系统(CiAS)等]的快速检测与自动识别结果,依据各种评价模型和标定参数,评价路面使用性能,确定公路的技术状况等级(图7-13)。

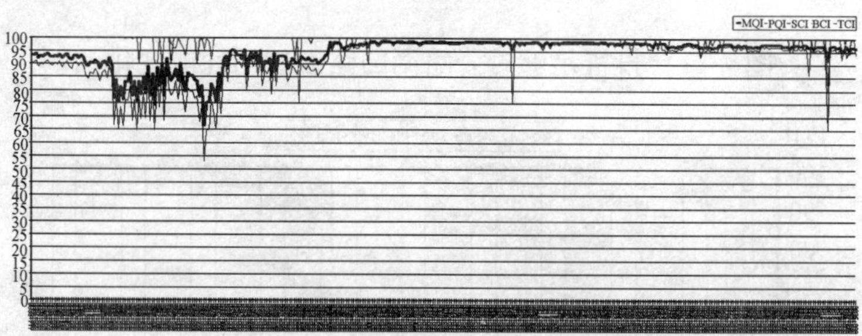

图7-13 公路技术状况评价结果

7.6.2 公路养护需求

依据公路技术状况尤其是路面使用性能评价结果,利用CPMS的养护需求决策模型,确定各指标在不同养护标准下的年度养护需求。年度养护需求实际上是《公路养护规划》长期养护需求(10年)的首年需求结果。

7.6.3 年度养护计划

在实际公路养护管理中，养护预算往往不能满足公路的养护需求。在养护资金不能满足需求的情况下，需要通过 CPMS 优化决策模型，确定资金约束下的公路养护项目，使有限的公路养护资金以最优的方式（费用、性能、效益）分配到公路网最需要养护的路段上（表 7-2）。

年度养护计划内容 表 7-2

路线编码	路线名称	养护方案（大修或中修）	养护费用（万元）	养护地点（桩号/长度）	寿命周期费用 LCC 或 EIRR
汇总					

8 科学养护决策实例

8.1 概　　述

通常情况下,实例是帮助理解和掌握新技术、新方法和新模式的有效手段。为了加深对公路养护科学决策模式的理解,本章从正在探索和实践现代养护决策模式的省区市中,选择了一个组合实例,期望通过实例说明,使读者快速了解以路况检测和养护决策为核心内容的公路养护科学决策模式。

公路养护科学决策模式有丰富的内涵和内容,本章提供的实例仅描述了核心内容的一小部分。

8.2 路况检测

路况检测以浙江普通公路和山东高速公路为例,内容包括检测方法、检测设备、损坏识别和质量控制。

8.2.1 检测指标

公路技术状况指数(MQI)包含路面使用性能、路基技术状况、桥隧构造物技术状况和沿线设施技术状况四大指标。除了路面使用性能外,其他三项指标需要借助于简单的仪器或设备由人工在现场进行检测。由于路面使用性能在公路技术状况中占70%的比重,并且只有路面几项指标能通过快速检测设备自动检测,因此浙江和山东的路况检测实例将重点关注路面使用性能各项指标的检测,指标包含:

(1)路面损坏状况(PCI)。

(2)路面行驶质量(RQI)。

(3)路面车辙(RDI)。

(4)路面抗滑性能(SRI)。

(5)路面结构强度(PSSI)。

其中,路面结构强度(PSSI)足够概率可通过其他指标如PCI和RQI预测。

8.2.2 检测装备

浙江普通公路和山东高速公路采用了多功能的“路况快速检测系统(CiCS)”(图8-1)检测设备。

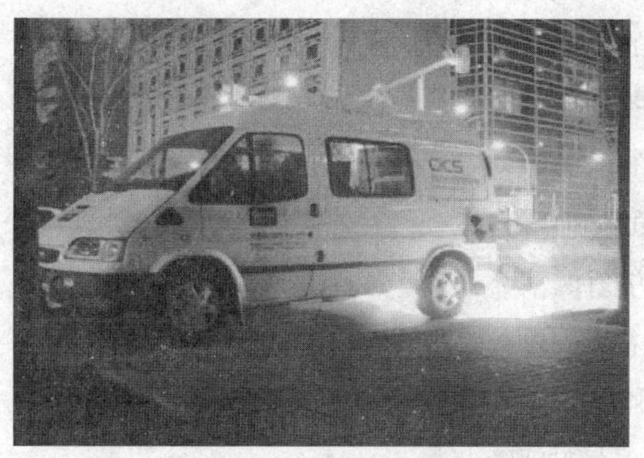

图8-1 路况快速检测系统(CiCS)

路况快速检测系统(CiCS)为交通部西部交通建设科技项目(2003~2007年)和国家863高科技计划(2006~2008年)项目研究成果,是交通部组织研究和推广的国省干线及高速公路路面管理系统(CPMS)的配套快速检测装备之一。路况快速检测系统(CiCS)与横向力系数检测车(RiCS)和路面自动弯沉仪(ABB)共同构成了我国路面网级和项目级检测的三大装备体系(图8-2)。

路况快速检测系统(CiCS)能以车流速度(0~100km/h)快速采集5项主要的路面使用性能指标。研究开发CiCS的主要目的是为了改变我国长期以来路况检测依靠人工目测和手工丈量的传统方式,减少封闭交通对公路运营的影响,提高各项指标的检测效率和准确性,为国省干线及高速公路路面管理系统(CPMS)提供精确、

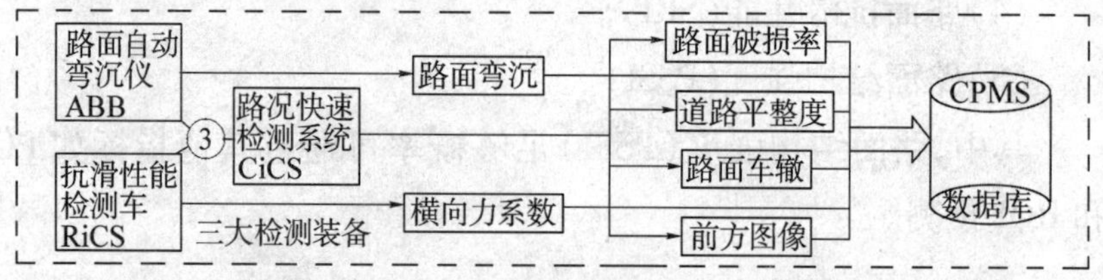

图 8-2　CPMS 配套的三大装备体系(网级 + 项目级)

可靠和具有可比性的动态路况数据。CiCS 的主要技术指标如下:

1)主要检测指标

(1)路面损坏。

(2)道路平整度。

(3)路面车辙。

(4)路面纹理深度。

(5)前方图像。

2)路面损坏

(1)检测内容:《公路技术状况评定标准》(JTG H20—2007)规定的裂缝类损坏项目。

(2)检测图像:纵向连续检测、横向检测宽度为 2.6 ~ 3.0m。

(3)图像裂缝分辨率:小于 1mm。

(4)检测速度:0 ~ 100km/h。

(5)工作方式:线性扫描 36kHz/s。

(6)阴影剔除方法:高强带状灯光装置(专利),昼夜有效工作。

(7)存储单位:10m。

3)道路平整度

(1)检测指标:国际平整度指数(IRI)。

(2)检测方法:激光传感技术。

(3)激光频率:16 ~ 20kHz/s。

(4)存储单位:20m。

4)路面车辙

(1)检测宽度:3.20~3.60m。

(2)检测方法:多激光传感器组(13)。

(3)激光频率:16~20 kHz/s。

(4)存储单位:10m。

5)路面纹理深度

(1)纹理深度:SMTD。

(2)采样频率:16~20kHz。

(3)测量范围:200 mm。

(4)存储单位:20m。

6)前方图像

(1)图像格式:JPEG。

(2)分辨率:1 600×1 200pixles。

(3)检测频率:50~100f/km。

2006和2007年,CiCS在北京、浙江、山东、河北、四川等省区市检测了10 000km普通公路与高速公路。图8-3为路况快速检测系统(CiCS)的数据采集软件界面。图8-4为浙江国道G320(K229+654~K387+224,检测长度315.2车道公里)水泥混凝土路面样本图像。

图8-3 路况快速检测系统(CiCS)软件界面

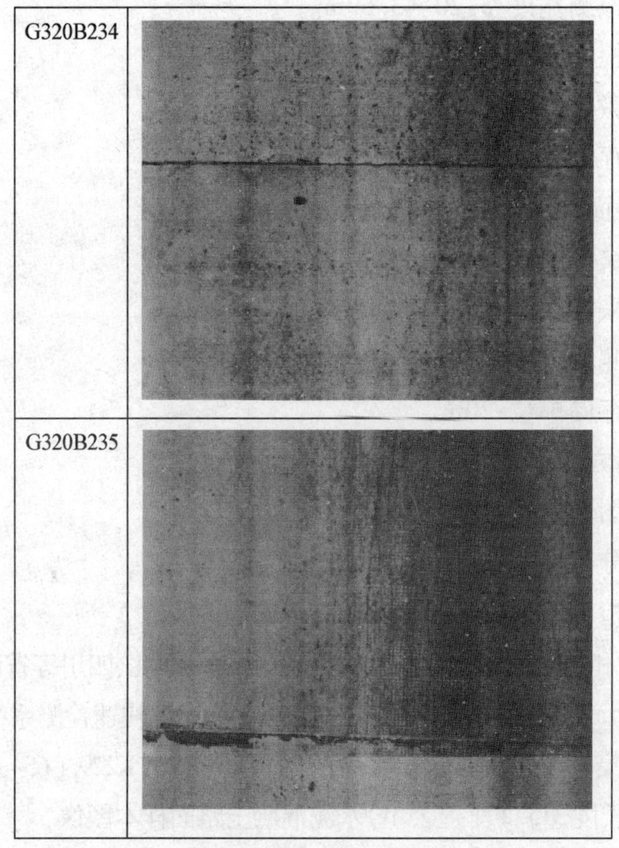

图 8-4　路面样本图像

8.2.3　损坏识别

多年来,国外十分重视路面损坏的自动识别技术,但是一直以来在路面损坏自动识别方面的研究没有突破性的进展,2 ~ 3mm 路面裂缝的识别率一致维持在 85% 上下,许多路面特征如水泥混凝土路面接缝和灌缝路面的识别问题都没有得到有效解决,由此限制了路面损坏自动识别技术的规模化应用。针对国外遇到的技术难点和关键问题,依托交通部西部交通建设科技项目(2003 ~ 2007 年)和国家"863"高科技计划(2006 ~ 2008 年)项目,研究人员重点解决了裂缝识别能力(由 2 ~ 3mm 提高到 1mm,图 8-5)、水泥混凝

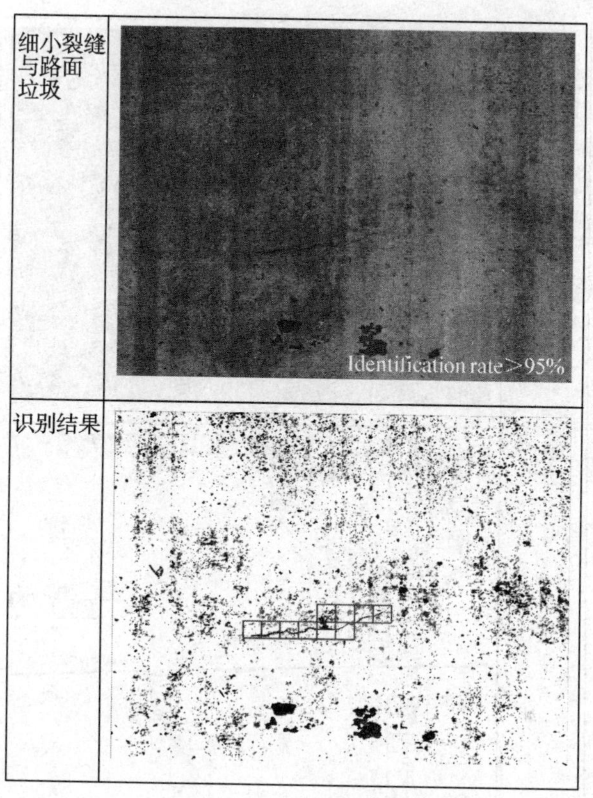

图 8-5 细小裂缝识别

土接缝与裂缝区分(图 8-6)、灌缝路面与非灌缝路面区别、超宽路面裂缝(20mm 以上)判别、拉毛水泥混凝土路面和边缘裂缝识别等关键技术。在此基础上,开发了与路况快速检测系统(CiCS)配套的路面损坏识别系统(CiAS)软件(图 8-7)。正常路面条件下,CiAS 的损坏识别率能达到 95% 以上,特殊路面(雪、泥、麻面)达到 90% 以上,CiAS 的裂缝识别能力为 1mm 以上,路面损坏采用了英国公路快速检测技术规范的计算方法。

8.2.4 质量控制

质量控制包含两个过程:检测过程中的质量控制和损坏识别过程中的质量控制。

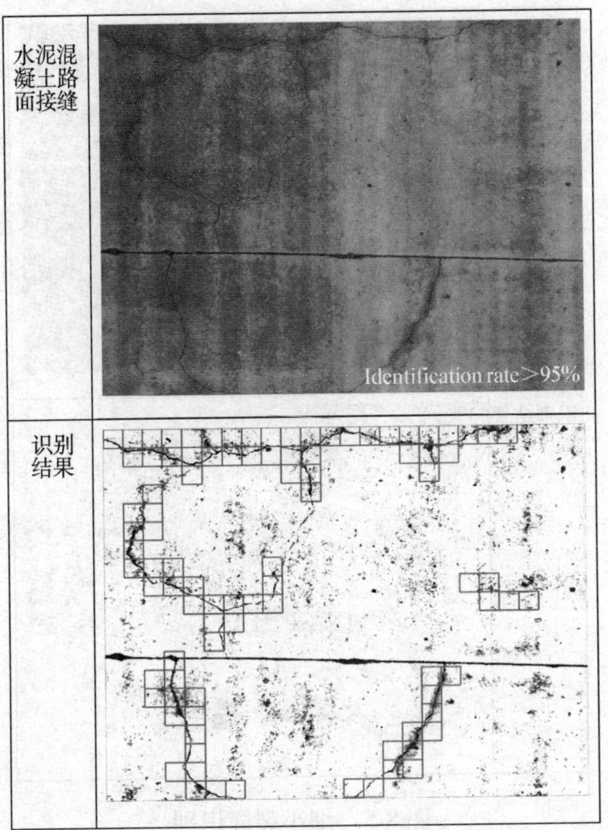

图 8-6　水泥混凝土接缝识别

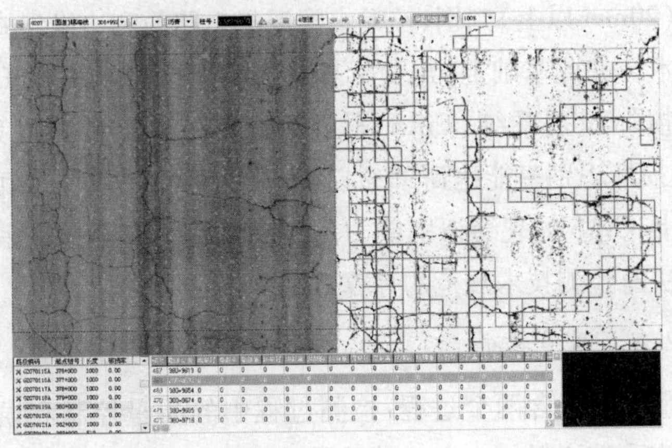

图 8-7　路面损坏识别系统（CiAS）

1）检测过程中的质量控制

检测过程中的质量控制方法是设备的标定和抽样核实。《公路技术状况评定标准》（JTG H20—2007）对各种检测设备已经提出了明确要求。在浙江和山东路况检测之前，对路况快速检测系统（CiCS）实施了标定，标定方法采用了《路面管理系统原理》描述的方法。路况快速检测系统（CiCS）标定主要针对激光断面检测装置，地点选在北京北郊北清路两侧的4个实验路段上，标定路段的国际平整度分布在1.51～6.27 m/km之间，标定相关系数（R^2）为0.999（图8-8）。检测过程中，根据需要按一定比例定期地抽样标定检测数据，使检测设备一直处于符合技术要求的工作状态。

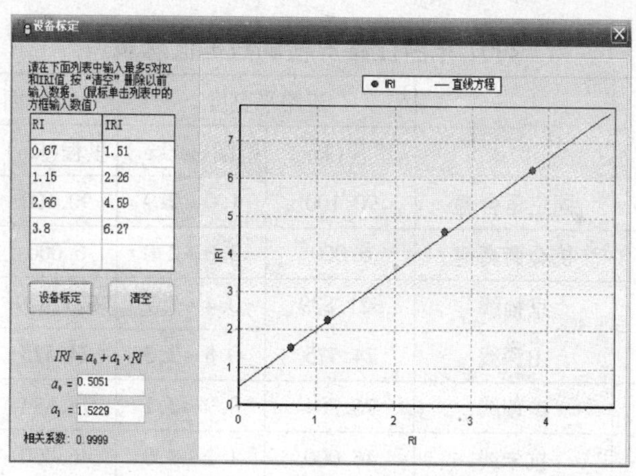

图8-8　CiCS道路平整度标定结果

2）损坏识别过程中的质量控制

路况快速检测系统（CiCS）提供了多种检测数据，按照《公路技术状况评定标准》（JTG H20—2007）规定，二、三、四级公路的检测指标为路面损坏和道路平整度两项指标，高速公路和一级公路还需要检测路面车辙和抗滑性能指标。在上述指标中，路面损坏识别最为复杂，《公路技术状况评定标准》（JTG H20—2007）要求，无论采取何种识别方法（含人工识别）及软件，识别准确率必须达到

90%以上。

为了满足上述标准，在识别过程中，规定对每一条路线分别识别，识别准确率达不到90%的路线，实施人工识别，直至满足标准要求。

8.2.5 识别结果

2007年10月，浙江省公路管理局利用路况快速检测系统(CiCS)检测了60条普通公路，重点检测路面损坏严重的路段共2 247.731km。检测道路平整度2 247.731km，路面损坏2 249.016km。其中数据分布为，道路平整度IRI 0.1～14.3m/km，路面损坏0～37.2%(表8-1)。

2007年浙江路况检测数据汇总表 表8-1

路线编码	路线名称	道路平整度		路面损坏	
		里程(km)	范围(m/km)	里程(km)	范围(%)
G010	同三甬台温	90.100	1.0～2.9	90.100	0.0～1.1
G065	杭金衢高速	6.000	2.0～2.0	6.000	0.0～0.2
G104	京福线	321.839	0.4～8.7	321.839	0.0～16.5
G205	山深线	74.575	0.8～2.3	74.575	0.0～2.5
G320	沪瑞线	76.884	0.9～3.1	76.884	0.0～3.7
G329	杭朱线	46.000	1.2～4.0	46.000	0.0～4.3
G330	温寿线	281.644	0.7～3.8	281.644	0.0～8.2
S001	金丽温高速	6.000	1.3～3.0	6.000	0.0～1.2
S101	杭金线(01)	43.074	1.0～2.7	43.074	0.0～6.6
S102	杭昱线(02)	37.000	1.0～5.6	37.000	0.0～13.0
S103	杭金线(03)	42.000	1.3～4.6	42.000	0.0～4.2
S204	孝泗线(12)	8.000	1.6～3.9	8.000	0.0～4.8
S205	青临线(13)	6.687	1.9～4.9	6.687	0.0～0.5
S206	牧松线(14)	3.176	1.3～3.4	3.176	0.0～0.0

续上表

路线编码	路线名称	道路平整度		路面损坏	
		里程(km)	范围(m/km)	里程(km)	范围(%)
S209	龙苦线(18)	4.700	1.6~6.1	4.700	0.0~0.0
S210	桐义线(20)	21.030	1.0~5.3	21.030	0.0~0.2
S211	诸东线(22)	20.844	1.7~6.9	20.844	0.0~10.3
S214	甬临线(34)	98.878	0.6~3.0	98.878	0.0~2.8
S215	盛宁线(71)	35.060	0.9~3.0	35.060	0.0~3.0
S216	茅石线(80)	1.810	1.1~1.4	1.810	0.0~0.0
S217	东永线(39)	27.040	2.4~5.1	27.040	0.0~2.2
S222	龙丽线(50)	9.000	2.1~2.8	9.000	0.0~1.0
S223	仙清线(41)	13.299	0.7~4.9	13.299	0.0~26.3
S224	岭三线(74)	12.000	1.4~3.8	12.000	0.0~19.9
S225	大路线(75)	15.235	0.9~9.7	15.235	0.0~1.2
S226	泽坎线(76)	32.000	1.1~3.7	32.685	0.0~0.6
S227	遂龙线(51)	0.600	1.8~1.8	1.200	0.0~0.1
S228	云寿线(52)	11.000	0.9~2.3	11.000	0.0~2.3
S232	水霞线(78)	19.455	2.1~9.4	19.455	0.0~2.3
S302	新淳线(05)	5.000	0.4~7.0	5.000	0.0~10.9
S303	建淳线(06)	6.456	4.0~4.0	6.456	0.0~3.2
S304	临莫线(09)	56.290	0.8~3.7	56.290	0.0~10.7
S305	富衢线(23)	29.422	1.2~4.9	29.422	0.0~33.6
S306	鹿唐线(11)	9.900	1.0~2.3	9.900	0.0~6.3
S307	中樟线(19)	2.817	2.3~2.3	2.817	0.0~0.8
S308	绍大线(31)	22.850	0.8~3.7	22.850	0.0~1.1
S309	江拔线(36)	95.581	1.0~3.6	95.581	0.0~1.7
S310	嵊义线(37)	29.040	1.7~4.3	29.040	0.0~3.2
S311	象西线(38)	98.845	0.8~4.3	98.845	0.0~11.7

续上表

路线编码	路线名称	道路平整度		路 面 损 坏	
		里程(km)	范围(m/km)	里程(km)	范围(%)
S312	永武线(43)	8.000	4.5~4.5	8.000	0.0~4.3
S315	兰贺线(46)	98.312	0.7~3.1	98.312	0.0~15.1
S317	华白线(17)	16.110	2.6~3.0	16.110	0.0~1.7
S319	甬余线(61)	13.000	2.4~3.7	13.000	0.0~4.2
S320	骆亚线(79)	4.000	2.4~2.6	4.000	0.2~0.6
S322	临石线(35)	17.927	1.1~4.5	17.927	0.0~0.5
S324	林石线(81)	30.700	1.6~3.2	30.700	0.0~1.9
S325	椒黄线(82)	4.474	1.4~1.6	4.474	0.0~10.8
S326	天高线(60)	14.203	0.9~3.0	14.203	0.0~3.5
S327	临前线(83)	4.927	1.3~3.9	4.927	0.0~3.0
S328	丽浦线(53)	46.274	0.8~2.1	46.274	0.0~1.0
S329	菊寿线(55)	34.000	1.8~4.0	34.000	0.0~5.5
S330	瑞东线(56)	2.750	2.9~4.4	2.750	0.0~0.0
S331	分泰线(58)	50.000	0.9~14.3	50.000	0.0~37.2
S333	六东线(49)	4.000	2.4~4.3	4.000	0.0~1.8
X009	湖盐线	45.991	0.8~2.4	45.991	0.0~3.5
X108	平黎线	40.480	0.1~4.6	40.480	0.0~5.6
X243	G104 连接线	32.000	0.9~4.1	32.000	0.0~11.1
X332	77 省道延伸	3.516	0.9~1.3	3.516	0.0~0.4
X904	天台 G104 复	25.100	1.3~4.3	25.100	0.0~4.7
X918	G318 三界线	30.836	0.9~2.8	30.836	0.0~1.3
汇总	共 60 条路线	2247.731	0.1~14.3	2249.016	0.0~37.2

图 8-9 为 G320 国道杭州段 CiAS 路面损坏识别结果统计分布。其中，水泥混凝土路面双向 239.2 车道公里，平均路面坏板率为 4.22%（上行）和 5.17%（下行），最大路面坏板率为 21.55%（上行）和 18.48%（下行）；沥青路面双向 76.0 车道公里，平均路面破损率为 0.43%（上行）和 0.31%（下行），最大路面破损率为 2.96%（上行）和 2.11%（下行）。

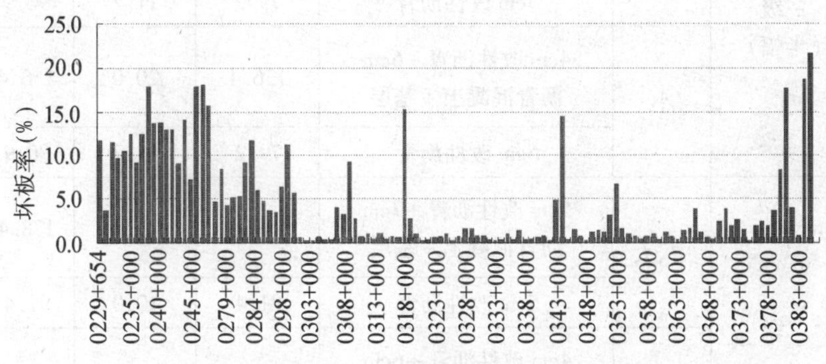

图 8-9　G320 国道杭州段水泥混凝土路面损坏（上行）分布图

8.3 养护决策

养护决策包含很多内容，本节主要介绍模型参数的标定、养护决策工具、养护规划、养护计划和养护分析平台的一些实例。

8.3.1 模型标定

路面养护决策需要标定多项模型参数，表 8-2 为其中的路面大中修养护措施模型（浙江）的单价参数标定实例。其中，2007 年改性沥青单价为 1 200 元/m^3，普通沥青单价为 850 元/m^3，水泥稳定基层（25cm）材料为 100 元/m^3，路面病害处理费用为 200 元/m^2。设施附加单价包括标志、标线等路面养护工程以外的价格。根据上述数据，通过标定，得到表 8-2 的养护措施模型费用参数。其他标定模型还包括路面使用性能预测模型、用户费用模型、优先顺序模型和决策模型等。

路面养护措施模型标定参数 表8-2

公路等级	交通量	大修路面结构	路面养护单价（元/m²）	设施附加单价（元/m²）	总单价（元/m²）
一级（半幅）	中、大	5cm改性沥青+7cm沥青混凝土+基层	159.0	20.0	179.0
		5cm改性沥青	79.2	11.7	90.9
	小	4cm改性沥青+6cm沥青混凝土+基层	136.4	20.0	156.4
		5cm改性沥青	79.2	11.7	90.9
二级	中、大	5cm改性沥青+7cm沥青混凝土+基层	159.0	19.4	178.4
		5cm改性沥青	81.4	10.0	91.4
	小	4cm改性沥青+6cm沥青混凝土+基层	136.4	19.4	155.8
		5cm改性沥青	81.4	10.0	91.4
三、四级		4cm改性沥青+6cm沥青混凝土+基层	136.4	21.4	157.8
		5cm改性沥青	85.8	11.4	97.2

8.3.2 养护决策

养护决策的基本方法是依据路面各项检测指标（道路平整度RQI、路面状况PCI、路面结构强度PSSI）、公路技术等级和交通量等数据，确定需要大中修养护的路段，提出养护建议，预测养护费用。基本方法是：

(1)根据路面使用性能评价结果的分布，确定各项指标的养护标准（如RQI 95）。养护标准的确定需要由有经验的养护工程师参与，如果无法提供养护标准，可从标准矩阵中按养护需要选择合理的养护标准。标准与服务水平、区域经济等多种因素紧密相关。

(2)任一指标低于养护标准的路段,列入进一步分析的大中修候选路段。

(3)分析候选路段其他指标的损坏程度,结合公路等级,确定是否需要实施路面大中修养护。

(4)对需要养护的路段,根据预测的路面结构强度足够概率,确定路面养护性质(大修或中修,图8-10)。

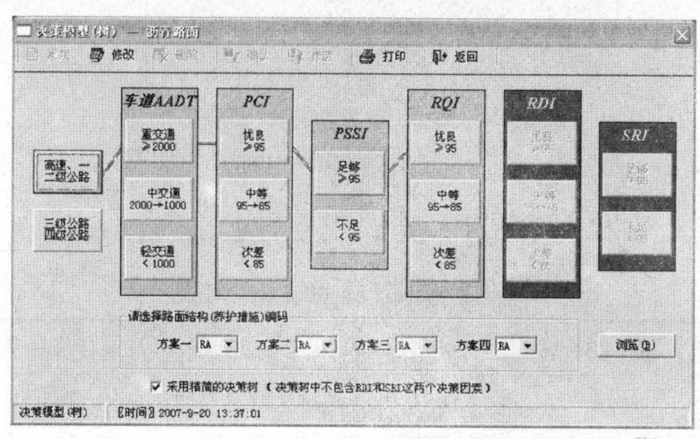

图8-10 路面养护决策

(5)根据交通量大小,确定包括不同养护措施和工艺的路面养护方案。

(6)预测养护方案的用户费用,确定道路寿命周期费用和EIRR等经济评价指标;

(7)计算养护方案的养护费用。

(8)提出路面养护需求列表(位置、方法、费用)。

(9)确定路面养护预算。

(10)优化分配公路养护资金,确定路面养护建议计划。

8.3.3 养护规划

本实例采用的是山东省交通厅公路局2008~2017年10年公路养护规划结果。主要内容包括大中修养护资金比例、长期养护需求、长期养护投资效益与效果等。

图 8-11 及表 8-3 为山东省交通厅公路局所辖高速公路 2008 年度路面养护资金需求比例。

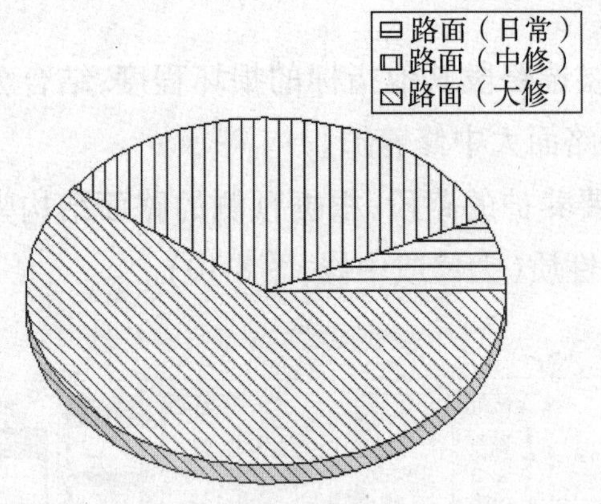

图 8-11　养护资金需求比例

2008 年养护资金需求比例　　表 8-3

养护类型	资金需求比例(%)
大修	60.2
中修	33.0
日常养护	6.9

图 8-12 及表 8-4 为山东省交通厅公路局所辖高速公路路面大修、中修和日常养护需求趋势。表 8-5 为山东省交通厅公路局所辖

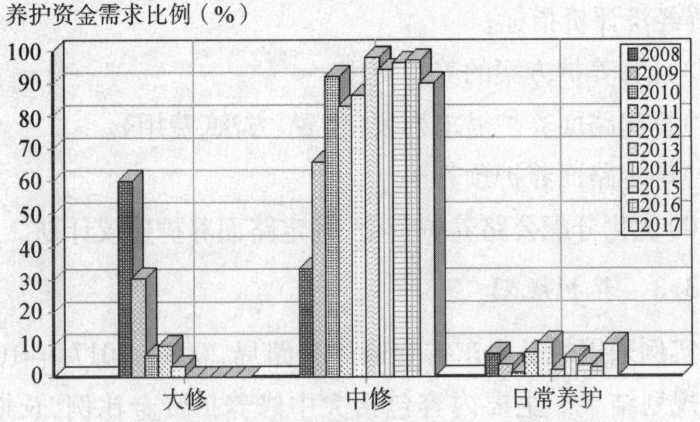

图 8-12　长期路面大修、中修和日常养护资金需求趋势

高速公路路面长期养护资金需求汇总结果。

长期路面大修、中修和日常养护资金需求趋势　　表 8-4

年　度	大修(%)	中修(%)	日常养护(%)
2008	60.2	33.0	6.9
2009	30.3	66.0	3.7
2010	6.5	92.1	1.4
2011	9.5	82.9	7.6
2012	3.3	86.3	10.4
2013	0.0	97.8	2.2
2014	0.0	94.1	5.9
2015	0.0	96.2	3.8
2016	0.0	97.3	2.7
2017	0.0	90.0	10.0

图 8-13 ~ 图 8-15 及表 8-6 ~ 表 8-8 描述了山东高速公路路面养护投资与路面使用性能(PQI)的关系。

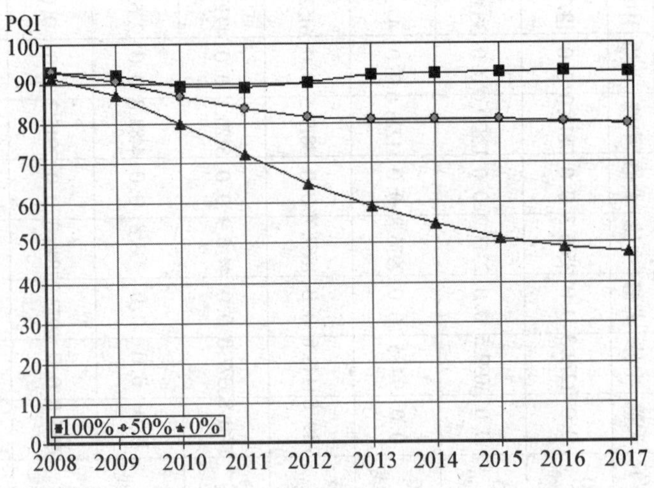

图 8-13　养护投资与路面使用性能(PQI)的关系

长期路面养护资金需求汇总表(万元)

表 8-5

路线及名称	2008		2009		2010		2011		2012		2013		2014		2015		2016		2017	
	大修	中修	大修	中修	大修	中修	大修	中修	大修	中修	大修	中修	大修	中修	大修	中修	大修	中修	大修	中修
G010 同三线	0.0	1279.3	0.0	3506.3	0.0	7814.0	0.0	1897.4	0.0	2942.9	0.0	6327.8	0.0	3329.0	0.0	3561.0	0.0	5764.4	0.0	1842.8
G205 山广线	0.0	1039.5	0.0	2743.2	0.0	12830.0	0.0	3608.4	0.0	1591.3	0.0	10086.2	0.0	3684.4	0.0	5246.3	0.0	6603.4	0.0	4120.7
G206 烟汕线	0.0	94.5	0.0	2976.8	0.0	11226.6	0.0	47.3	0.0	2759.4	0.0	11103.8	0.0	434.7	0.0	2712.2	0.0	10886.4	0.0	311.9
G309 荣兰线	789.8	1148.8	0.0	1867.7	0.0	3819.5	0.0	6152.6	0.0	2442.1	0.0	3441.4	0.0	952.5	0.0	7445.9	0.0	4154.4	0.0	574.3
GB20 泰淮支线	1741.8	3377.0	0.0	4416.9	0.0	5120.1	0.0	4936.7	0.0	0.0	0.0	3377.0	0.0	4416.9	0.0	5120.1	0.0	4936.7	0.0	317.9
S105 济菏线	0.0	0.0	0.0	708.8	0.0	4488.8	0.0	236.3	0.0	708.8	0.0	4488.8	0.0	236.3	0.0	708.8	0.0	4488.8	0.0	236.3
S203 威即线	7955.8	0.0	6977.7	1846.3	0.0	2945.2	0.0	0.0	0.0	1846.3	0.0	2945.2	0.0	1764.8	0.0	3394.2	0.0	2945.2	0.0	1764.8
S265 新潍线	0.0	0.0	0.0	47.3	0.0	834.7	0.0	0.0	0.0	47.3	0.0	834.7	0.0	0.0	0.0	47.3	0.0	834.7	0.0	0.0

续上表

路线及名称	2008		2009		2010		2011		2012		2013		2014		2015		2016		2017	
	大修	中修	大修	中修	大修	中修	大修	中修	大修	中修	大修	中修	大修	中修	大修	中修	大修	中修	大修	中修
S301 石烟线	7253.7	0.0	7230.3	0.0	1917.0	0.0	2409.0	0.0	639.0	0.0	0.0	0.0	0.0	1609.1	0.0	1603.9	0.0	425.3	0.0	2143.5
S329 薛馆线	0.0	0.0	0.0	3050.2	3290.0	0.0	0.0	0.0	0.0	0.0	0.0	2505.1	0.0	545.1	0.0	0.0	0.0	0.0	0.0	2505.1
S340 日东线	355.7	2757.1	0.0	8912.8	0.0	23121.8	0.0	3961.9	0.0	3513.1	0.0	12549.6	0.0	11695.8	0.0	10086.9	0.0	9634.3	0.0	3895.8
S353 德石线	0.0	0.0	0.0	647.3	0.0	0.0	0.0	0.0	0.0	647.3	0.0	0.0	0.0	0.0	0.0	647.3	0.0	0.0	0.0	0.0
S354 地嘶线	0.0	226.8	0.0	189.0	0.0	916.7	0.0	226.8	0.0	189.0	0.0	916.7	0.0	226.8	0.0	189.0	0.0	916.7	0.0	226.8
S706 聊城外环	0.0	0.0	0.0	94.5	0.0	661.5	0.0	0.0	0.0	94.5	0.0	661.5	0.0	0.0	0.0	94.5	0.0	661.5	0.0	0.0
合计	18096.8	9923.0	14208.0	31007.0	5207.0	73778.9	2409.0	21067.3	639.0	16781.9	0.0	59237.8	0.0	28895.3	0.0	40857.3	0.0	52251.7	0.0	17939.8

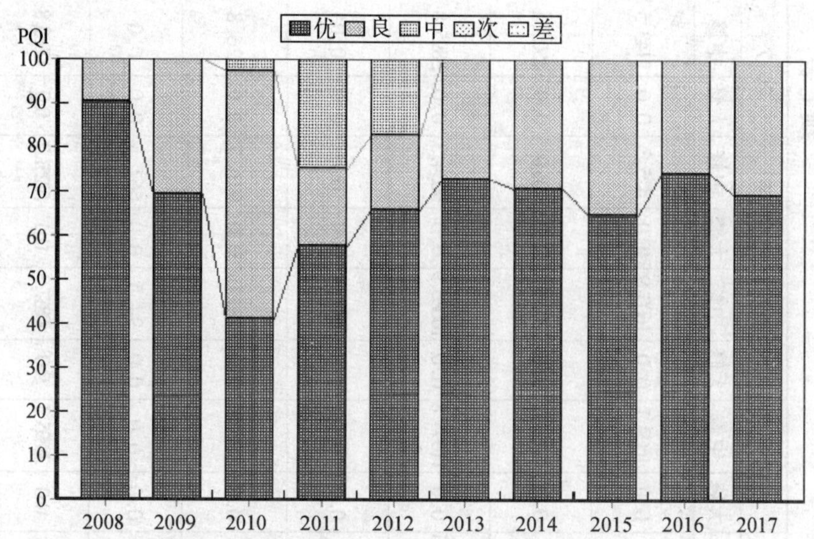

图 8-14 养护投资足够时其对路面使用性能(PQI)的影响

养护投资与路面使用性能(PQI)的关系 表 8-6

投资比例(%) \ PQI 年度	2008	2009	2010	2011	2012	2013	2014	2015	2016	2017
100	93.3	92.1	89.5	89.0	90.3	92.3	92.6	92.8	93.0	92.7
50	93.1	90.8	86.9	83.7	81.5	80.9	81.1	80.9	80.3	79.8
0	91.7	87.2	80.2	72.2	64.8	59.1	54.9	51.2	48.9	47.6

养护投资足够时其对路面使用性能(PQI)的影响 表 8-7

分析结果 \ 年度		2008	2009	2010	2011	2012	2013	2014	2015	2016	2017
优	里程(km)	2752.2	2112.5	1246.5	1758.9	2013.7	2214.3	2152.4	1976.9	2265.9	2117.4
	比例(%)	90.2	69.3	40.9	57.7	66.0	72.6	70.6	64.8	74.3	69.4
良	里程(km)	296.1	937.8	1717.3	533.7	508.2	836	897.9	1073.4	784.4	932.9
	比例(%)	9.7	30.7	56.3	17.5	16.7	27.4	29.4	35.2	25.7	30.6
中	里程(km)	2	0	86.5	757.7	528.3	0	0	0	0	0
	比例(%)	0.1	0.0	2.8	24.8	17.3	0.0	0.0	0.0	0.0	0.0

续上表

分析结果 \ 年度		2008	2009	2010	2011	2012	2013	2014	2015	2016	2017
次	里程(km)	0	0	0	0	0	0	0	0	0	0
	比例(%)	0.0	0.0	0.0	0.0	0.0	0.0	0.0	0.0	0.0	0.0
差	里程(km)	0	0	0	0	0	0	0	0	0	0
	比例(%)	0.0	0.0	0.0	0.0	0.0	0.0	0.0	0.0	0.0	0.0
合计	里程(km)	3050.3	3050.3	3050.3	3050.3	3050.2	3050.3	3050.3	3050.3	3050.3	3050.3
	比例(%)	100	100	100	100	100	100	100	100	100	100

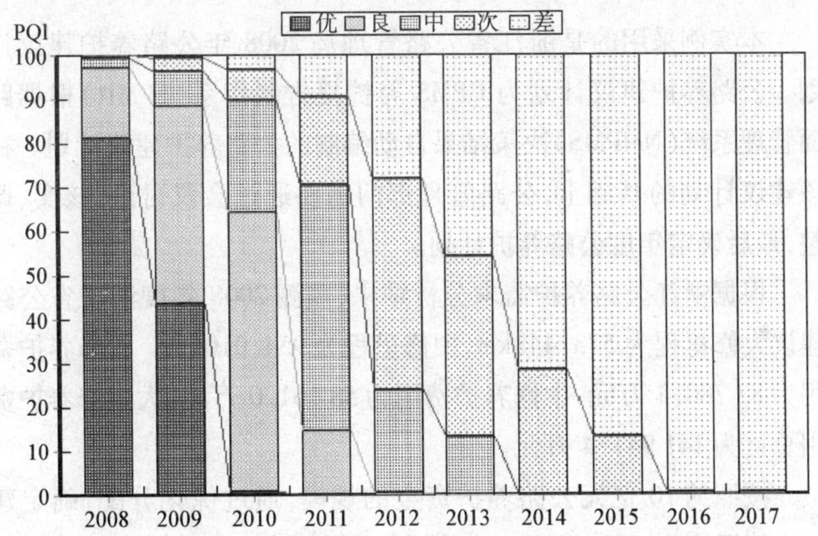

图 8-15　养护投资不足时其对路面使用性能(PQI)的影响

养护投资不足时其对路面使用性能(PQI)的影响　表 8-8

分析结果 \ 年度		2008	2009	2010	2011	2012	2013	2014	2015	2016	2017
优	里程(km)	2467.9	1330.3	16.1	0	0	0	0	0	0	0
	比例(%)	80.9	43.6	0.5	0.0	0.0	0.0	0.0	0.0	0.0	0.0
良	里程(km)	483.1	1365.2	1941.3	445.4	7.2	0	0	0	0	0
	比例(%)	15.8	44.8	63.6	14.6	0.2	0.0	0.0	0.0	0.0	0.0
中	里程(km)	75.6	244.2	773.3	1695.7	713.7	397.4	2.6	0	0	0
	比例(%)	2.5	8.0	25.4	55.6	23.4	13.0	0.1	0.0	0.0	0.0

续上表

分析结果＼年度		2008	2009	2010	2011	2012	2013	2014	2015	2016	2017
次	里程(km)	20.7	94.6	213.9	609.7	1462.3	1256.2	864.3	399.2	15.6	8.2
	比例(%)	0.7	3.1	7.0	20.0	47.9	41.2	28.3	13.1	0.5	0.3
差	里程(km)	3	16	105.7	299.4	867	1396.7	2183.4	2651.1	3034.7	3042.1
	比例(%)	0.1	0.5	3.5	9.8	28.4	45.8	71.6	86.9	99.5	99.7
合计	里程(km)	3050.3	3050.3	3050.3	3050.2	3050.2	3050.3	3050.3	3050.3	3050.3	3050.3
	比例(%)	100	100	100	100	100	100	100	100	100	100

8.3.4 养护建议计划

本实例采用的是浙江省公路管理局2008年公路养护建议计划。公路养护建议计划为CPMS养护报告制作系统(MR)根据路面管理系统(NetPMS)决策结果自动编制的公路养护建议计划。在该建议计划的基础上,公路管理部门需要通过会议讨论,核实、调整,最后确定年度公路养护计划。

根据浙江公路养护需求分析结果,预测2008年度浙江省公路建议大修里程为573.448km,中修里程为954.010km。大修养护费用为83 780.4万元,中修养护费用为58 161.0万元,大中修养护费用总计为141 941.4万元。

按照约10亿元公路养护资金的规模,通过优化分配,确定建议大修里程为424.665km,中修里程为617.661km。计划建议大修养护费用为60 348.9万元,中修养护费用为40 468.0万元,大中修养护费用总计为100 816.9万元。表8-9为2008年度京福线(G104)浙江段养护建议计划明细表(上行)。图8-16、图8-17是京福线(G104)浙江段路面使用性能评价结果及分布状况。

表8-10为2008年度同三线(G010)山东段养护建议计划明细表(上行)。图8-18及表8-11为同三高速(G010)山东段路面使用性能评价结果汇总。图8-19、图8-20为同三高速(G010)山东段路面使用性能评价结果及分布状况。

2008 年度京福线(G104)浙江段建议养护计划明细表(上行) 表 8-9

项目编号	养管单位	起点桩号	终点桩号	项目长度	养护方案	养护性质	费用(万元)	EIRR(%)
G1041367A	湖州市公路管理处	1367 +000	1368 +000	1000	沥青混凝土/5cmI + 罩面	中修	68.2	121.7
G1041370A	湖州市公路管理处	1370 +000	1371 +000	1000	沥青混凝土/(5 +7)cmI	大修	157.7	19.3
G1041375A	湖州市公路管理处	1375 +000	1380 +000	5000	沥青混凝土/5cmI + 罩面	中修	340.9	151.9
G1041416A	杭州市公路管理局	1416 +000	1420 +000	4000	沥青混凝土/5cmI + 罩面	中修	272.7	96.2
G1041424A	杭州市公路管理局	1424 +000	1426 +000	2000	沥青混凝土/5cmI + 罩面	中修	136.4	90.6
G1041427A	杭州市公路管理局	1427 +000	1428 +000	1000	沥青混凝土/5cmI + 罩面	中修	68.2	73.1
G1041440A	杭州市公路管理局	1440 +000	1441 +000	1000	沥青混凝土/(5 +7)cmI	大修	157.7	-1.0
G1041444A	杭州市公路管理局	1444 +000	1445 +000	1000	沥青混凝土/(5 +7)cmI	大修	157.7	-6.2
G1041446A	杭州市公路管理局	1446 +000	1447 +000	1000	沥青混凝土/(5 +7)cmI	大修	157.7	4.1
G1041470A	杭州市公路管理局	1470 +000	1471 +000	1000	沥青混凝土/5cmI + 罩面	中修	40.9	-1.0
G1041471A	杭州市公路管理局	1471 +000	1472 +000	1000	沥青混凝土/(5 +7)cmI	大修	94.6	177.3
G1041472A	杭州市公路管理局	1472 +000	1478 +236	6236	沥青混凝土/5cmI + 罩面	中修	284.9	492.2
G1041478A	杭州市公路管理局	1478 +236	1479 +000	764	沥青混凝土/(5 +7)cmI	大修	120.5	44.7
G1041479A	杭州市公路管理局	1479 +000	1480 +000	1000	沥青混凝土/5cmI + 罩面	中修	68.2	337.3
G1041507A	绍兴市公路管理处	1507 +000	1509 +000	2000	沥青混凝土/5cmI + 罩面	中修	180.9	-1.0
G1041510A	绍兴市公路管理处	1510 +000	1511 +000	1000	沥青混凝土/5cmI + 罩面	中修	68.2	140.7
G1041512A	绍兴市公路管理处	1512 +000	1513 +000	1000	沥青混凝土/5cmI + 罩面	中修	68.2	93.7
G1041514A	绍兴市公路管理处	1514 +000	1516 +000	2000	沥青混凝土/5cmI + 罩面	中修	136.4	162.9
G1041567A	绍兴市公路管理处	1567 +186	1570 +421	3235	沥青混凝土/5cmI + 罩面	中修	176.4	200.4
G1041597A	绍兴市公路管理处	1596 +909	1598 +443	1534	沥青混凝土/5cmI + 罩面	中修	62.7	102.2

表上续

项目编号	养管单位	起点桩号	终点桩号	项目长度	养护方案	养护性质	费用(万元)	EIRR(%)
G1041600A	绍兴市公路管理处	1600 +313	1601 +000	687	沥青混凝土/5cmI + 罩面	中修	53.1	-13.1
G1041628A	绍兴市公路管理处	1628 +000	1629 +000	1000	沥青混凝土/(5 +7)cmII	大修	94.3	-26.1
G1041680A	台州市公路管理处	1680 +024	1680 +824	800	沥青混凝土/5cmI + 罩面	中修	54.5	49.8
G1041681A	台州市公路管理处	1680 +824	1682 +327	1503	沥青混凝土/(5 +7)cmI	大修	237.0	28.9
G1041682A	台州市公路管理处	1682 +327	1682 +884	557	沥青混凝土/5cmI + 罩面	中修	38.0	68.4
G1041685A	台州市公路管理处	1684 +673	1687 +000	2327	沥青混凝土/5cmI + 罩面	中修	158.6	71.8
G1041693A	台州市公路管理处	1693 +000	1696 +500	3500	沥青混凝土/5cmI + 罩面	中修	238.6	97.7
G1041706A	台州市公路管理处	1706 +000	1708 +000	2000	沥青混凝土/5cmI + 罩面	中修	136.4	85.6
G1041714A	台州市公路管理处	1714 +461	1715 +000	539	沥青混凝土/5cmI + 罩面	中修	36.7	55.2
G1041742A	台州市公路管理处	1742 +000	1743 +000	1000	沥青混凝土/5cmI + 罩面	中修	111.4	126.8
G1041743A	台州市公路管理处	1743 +000	1744 +000	1000	沥青混凝土/(5 +7)cmI	大修	257.6	31.0
G1041744A	台州市公路管理处	1744 +000	1745 +000	1000	沥青混凝土/5cmI + 罩面	中修	111.4	275.9
G1041784A	台州市公路管理处	1784 +000	1786 +000	2000	沥青混凝土/(5 +7)cmI	大修	315.4	3.6
G1041916A	温州市公路管理处	1916 +114	1917 +274	1160	沥青混凝土/5cmI + 罩面	中修	39.5	-1.0
G1041917A	温州市公路管理处	1917 +274	1926 +000	8726	沥青混凝土/(5 +7)cmI	大修	1376.0	99.0
G1041926A	温州市公路管理处	1926 +000	1926 +700	700	沥青混凝土/5cmI + 罩面	中修	47.7	842.2
G1041927A	温州市公路管理处	1926 +700	1926 +934	234	沥青混凝土/5cmI + 罩面	中修	16.0	-1.0
G1041931A	温州市公路管理处	1931 +000	1932 +000	1000	沥青混凝土/5cmI + 罩面	中修	68.2	-1.0
G1041936A	温州市公路管理处	1935 +914	1938 +750	2836	沥青混凝土/(5 +7)cmI	大修	670.8	47.1
G1041963A	温州市公路管理处	1963 +000	1964 +000	1000	沥青混凝土/5cmI + 罩面	中修	70.4	7.1
G1041965A	温州市公路管理处	1965 +000	1966 +000	1000	沥青混凝土/5cmI + 罩面	中修	70.4	5.9
G1041967A	温州市公路管理处	1967 +000	1968 +000	1000	沥青混凝土/5cmI + 罩面	中修	70.4	6.6
G1041971A	温州市公路管理处	1970 +993	1972 +000	1007	沥青混凝土/5cmI + 罩面	中修	70.9	7.4
G1041978A	温州市公路管理处	1978 +000	1980 +000	2000	沥青混凝土/5cmI + 罩面	中修	120.6	17.4
G1041986A	温州市公路管理处	1986 +000	1988 +273	2273	沥青混凝土/5cmI + 罩面	中修	124.0	20.2
汇总	78.6 km				7406.9 万元			平均93.4

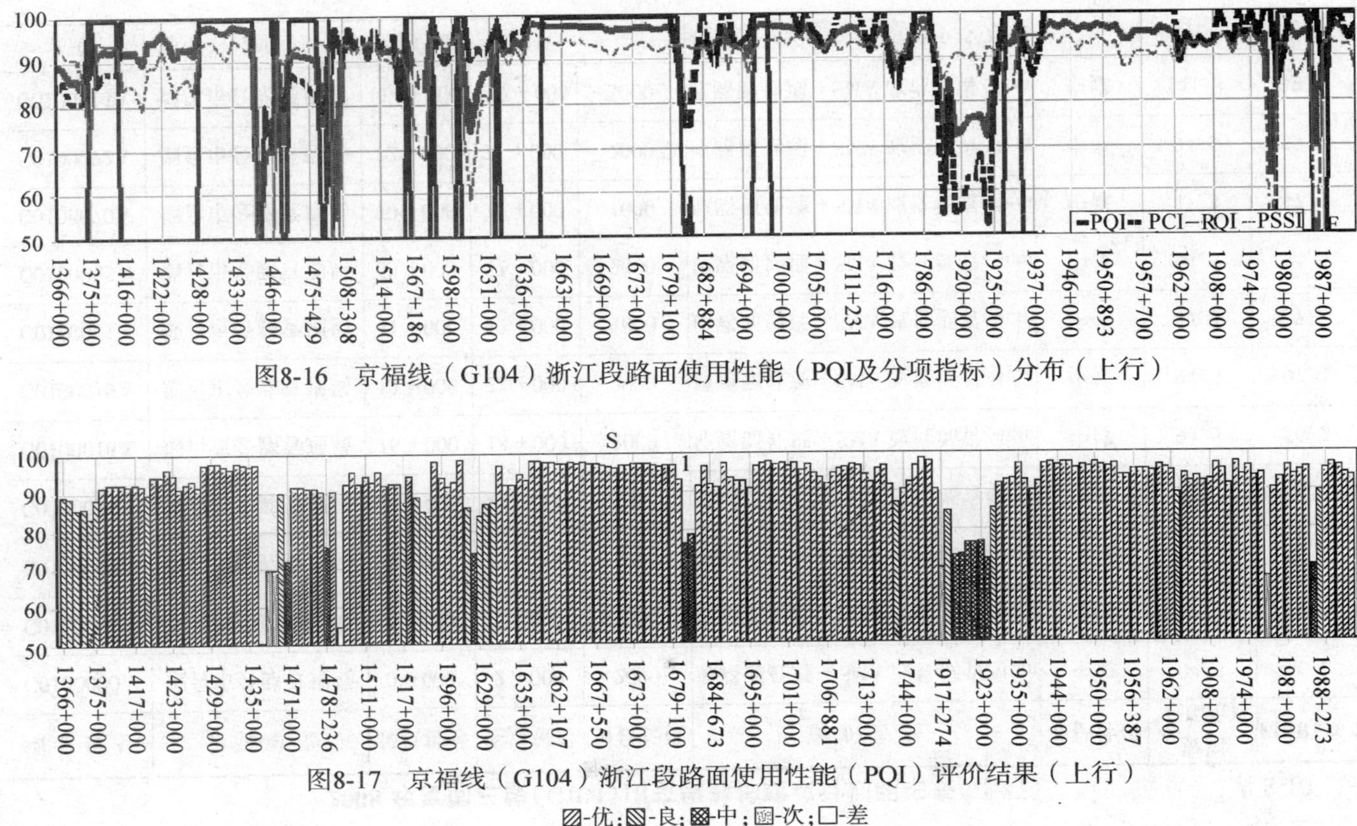

图8-16 京福线（G104）浙江段路面使用性能（PQI及分项指标）分布（上行）

图8-17 京福线（G104）浙江段路面使用性能（PQI）评价结果（上行）

▨-优;▨-良;▩-中;▧-次;□-差

2008 年度同三线（G104）山东段养护建议计划明细表（上行）

表 8-10

项目编号	养管单位	起点桩号	终点桩号	项目长度	养护方案	养护性质	费用（万元）	EIRR（%）
G0100000A	烟台市公路管理局	0 +000	2 +000	2000	原路面处理 + SMA 改性沥青/4cm	中修	94.5	56.2
G0100004A	烟台市公路管理局	4 +000	5 +000	1000	原路面处理 + SMA 改性沥青/4cm	中修	47.3	47.0
G0100008A	烟台市公路管理局	8 +000	13 +000	5000	原路面处理 + SMA 改性沥青/4cm	中修	236.3	53.8
G0100014A	烟台市公路管理局	14 +000	15 +000	1000	原路面处理 + SMA 改性沥青/4cm	中修	47.3	48.3
G0100016A	烟台市公路管理局	16 +000	18 +000	2000	原路面处理 + SMA 改性沥青/4cm	中修	94.5	56.2
G0100019A	烟台市公路管理局	19 +000	21 +000	2000	原路面处理 + SMA 改性沥青/4cm	中修	94.5	97.4
G0100041A	烟台市公路管理局	41 +000	42 +000	1000	原路面处理 + SMA 改性沥青/4cm	中修	47.3	37.2
G0100065A	烟台市公路管理局	65 +000	67 +000	2000	原路面处理 + SMA 改性沥青/4cm	中修	94.5	54.5
G0100070A	烟台市公路管理局	70 +000	71 +000	1000	原路面处理 + SMA 改性沥青/4cm	中修	47.3	47.0
G0100072A	烟台市公路管理局	72 +000	74 +000	2000	原路面处理 + SMA 改性沥青/4cm	中修	94.5	55.4
G0100114A	青岛市公路管理局	114 +000	117 +000	3000	原路面处理 + SMA 改性沥青/4cm	中修	141.8	39.7
汇总	22.0 km				1039.5 万元			平均 53.9

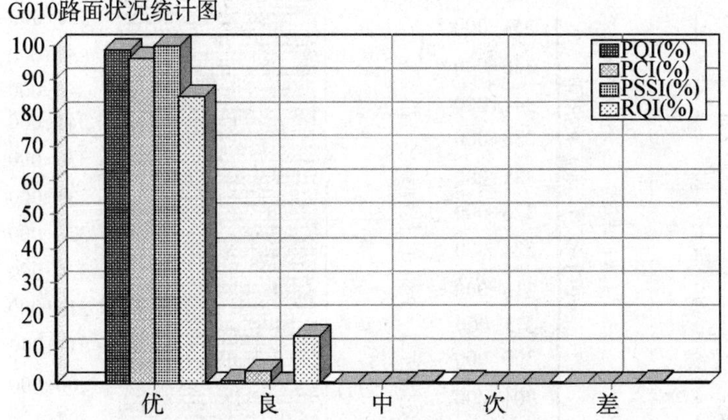

图 8-18 同三高速(G010)山东段路面使用性能评价结果汇总

同三高速(G010)山东段路面使用性能评价结果 表 8-11

指标	PQI		PCI		PSSI		RQI	
等级	里程(km)	比例(%)	里程(km)	比例(%)	里程(km)	比例(%)	里程(km)	比例(%)
优	298.666	98.6	291.816	96.4	302.816	100.0	258.056	85.2
良	3.075	1.0	11.000	3.6	0.000	0.0	42.610	14.1
中	0.000	0.0	0.000	0.0	0.000	0.0	1.075	0.4
次	1.075	0.4	0.000	0.0	0.000	0.0	0.000	0.0
差	0.000	0.0	0.000	0.0	0.000	0.0	1.075	0.4
合计	302.816	100.0	302.816	100.0	302.816	100.0	302.816	100.0

8.3.5 养护计划

在养护建议计划的基础上，通过专家会议，借助于 CPMS 公路养护分析平台(CMAP)软件(图 8-21、图 8-22)，利用 CMAP 平台信息，核实、调整局部的建议计划，确定年度公路养护计划。CMAP 养护分析平台能提供的信息包括：

1)基本数据

(1)路线。

(2)路面[路面结构、养护历史、路面使用性能(PCI、RQI、PSSI、RDI、SRI)评价结果]。

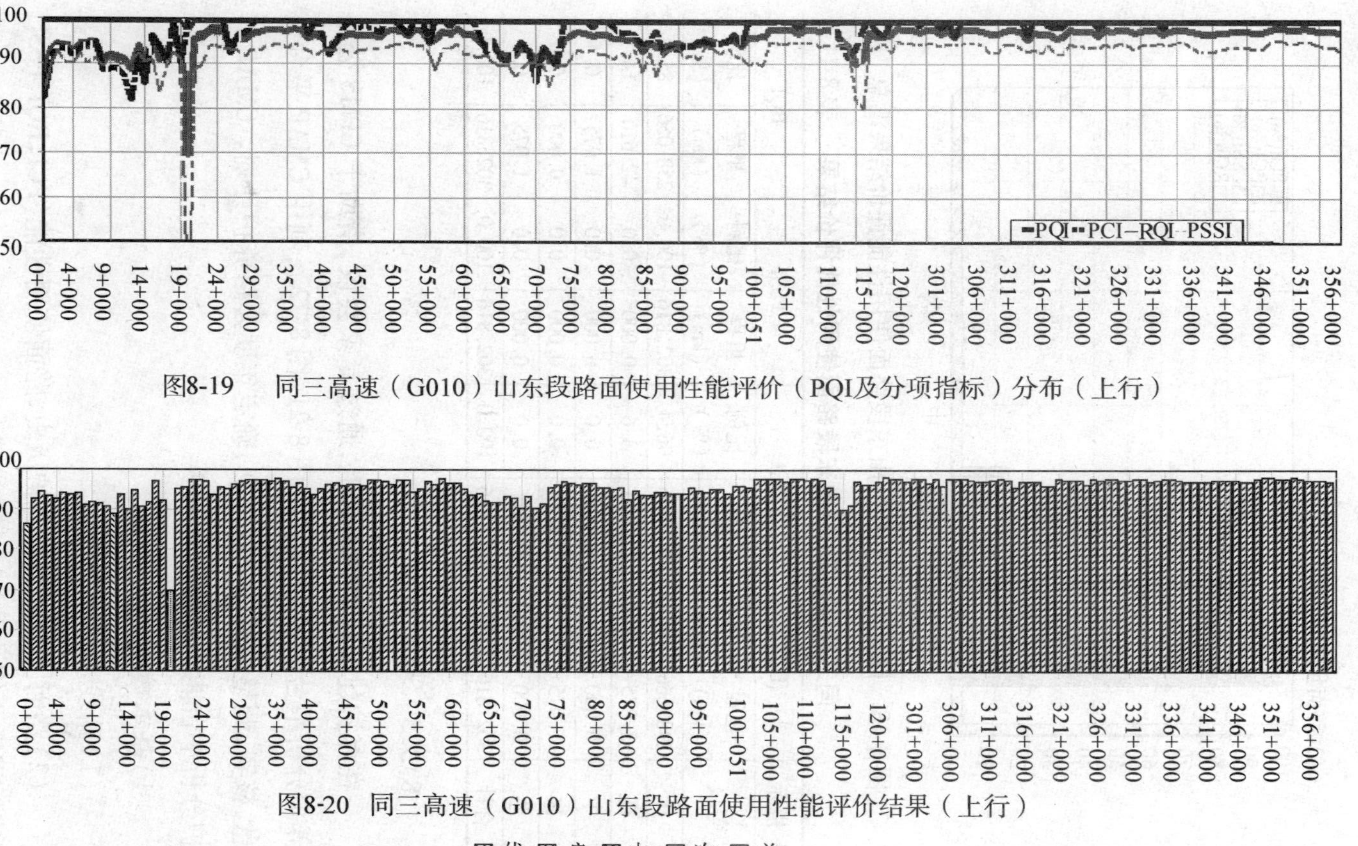

图8-19 同三高速（G010）山东段路面使用性能评价（PQI及分项指标）分布（上行）

图8-20 同三高速（G010）山东段路面使用性能评价结果（上行）

图 8-21 CPMS 公路养护分析平台(CMAP)(一)

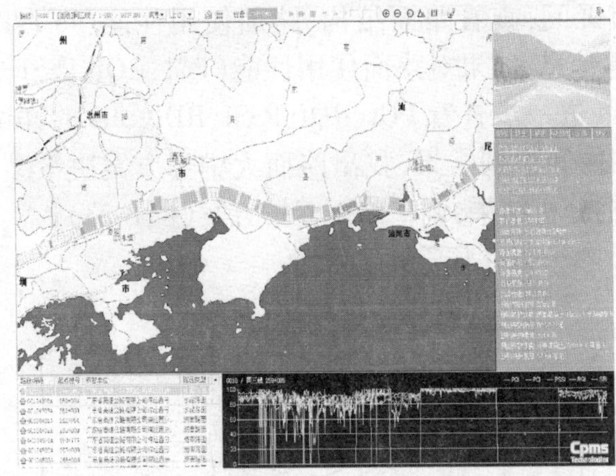

图 8-22 CPMS 公路养护分析平台(CMAP)(二)

(3)路基。

(4)桥隧构造物。

(5)沿线设施。

2)建议养护方案

(1)养护性质。

(2)养护时间。

(3)养护费用。

(4)养护措施。

3)详细的原始检测数据(DataInfo)

(1)路面损坏(路面图像)。

(2)路面损坏识别结果。

(3)道路平整度。

(4)路面结构强度。

(5)路面车辙。

(6)抗滑性能。

4)前方图像(RDView)

5)地理信息(GIS)

利用CMAP养护分析平台,核准公路养护计划的基本流程是:首先选择CPMS建议大中修养护的路段;通过前方图像,判断路面大中修方案的决策结果是否合理和准确;如果对路面大中修方案决策结果有疑问,查看路面结构、路面使用性能(PCI、RQI、PSSI、RDI、SRI)等信息;如果对路面使用性能(PCI、RQI、PSSI、RDI、SRI)数据有疑问,进一步查看PCI、RQI、PSSI、RDI、SRI的详细数据,尤其是路面图像和识别结果,找出路面大中修方案决策结果不准确的原因;根据分析结果,调整路面养护方案(图8-23)。

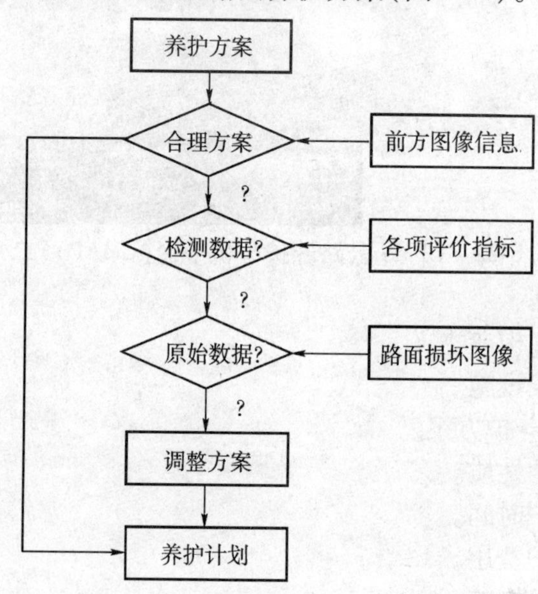

图8-23　公路养护计划核准流程

参考文献

[1] LTTP. Distress Identification Manual , FHWA, USA,2003.

[2] UKPMS. UKPMS User Manual, UKPMS Support Office,UK,2007.

[3] WorldBank. Road Monitoring for Maintenance Management, OCED,1990.

[4] 郭贵平,等. 高等级公路养护技术与养护机械. 北京:人民交通出版社,2001.

[5] 周余明,等. 高速公路养护管理. 北京:人民交通出版社,2001.

[6] 姚祖康. 路面管理系统. 北京:人民交通出版社,1994.

[7] Amy L Simpson. FHWA-RD-01-024: Characterization of Transverse Profiles[R]. Federal Highway Administration, Washington, D. C. , USA, 2001.

[8] Bennett C R, Alondra Chamorro, Chen Chen, et al. Data Collection Technologies for Road Management[R]. East Asia Pacific Transport Unit, The World Bank, Washington, D. C. , USA, 2005.

[9] Carl-Gustaf Wallman. Friction Measurement Methods and the Correlation Between Road Friction and Traffic Safety. Swedish National Road and Transport Research Institute (VTI), 2001.

[10] Haas Ralph, Hudson W R, Zaniewski John. Modern Pavement Management[M]. Krieger Publishing Company, Malabar, Florida, USA, 1994.

[11] John S Miller, William Y Bellinger. FHWA-RD-03-031: Distress Identification Manual for the Long-Term Pavement Performance Program (Fourth Revised Edition)[S]. Federal Highway Administration, Washington, D. C. , USA, 2003.

[12] Joseph Budras. A Synopsis on the Current Equipment Used for Measuring Pavement Smoothness[R]. Federal Highway Administration, Washington, D. C. , USA, 2001.

[13] Kenneth H McGhee. NCHRP Synthesis 334: Automated Pavement Distress Collection Techniques: A Synthesis of Highway Practice[R]. National Cooperative Highway Research Program, Transportation Research Board, Washington, D. C., USA, 2004.

[14] McRobbie S G, Wright M A. TRL Published Project Report 001: TTS Initial Review - Review of Survey Methods[R]. Transport Research Laboratory, Crowthorne, UK, 2004.

[15] Pan Y et al[1999]. A Network Level Pavement Management System for China Highways, Transport Journal, The Institution of Civil Engineers, Vol. 135, UK, August 1999.

[16] Roads Board[2007], SCANNER Surveys for Local Roads, User Guide and Specification, Halcrow Group Limited, UK, April 2007.

[17] Sayers M. W., Gillespie T. D. and Queiroz C. A. V. [1986] The International Road Roughness experiment: Establishing correlation and a calibration standard for measurements, Technical paper number 45, the World Bank, 1986.

[18] UK Roads Board [2007]. SCANNER Surveys for Local Roads, User Guide and Specification, Halcrow Group Limited, UK, April 2007.

[19] 饭岛尚,等. MCI 路面使用性能评价模型. 土木技术资料, 22~11, pp. 577~582. 日本东京, 1981.

[20] 中华人民共和国行业标准. 公路养护质量检查评定标准. 北京: 人民交通出版社, 1994.

[21] 中华人民共和国行业标准. JTJ 073—96 公路养护技术规范. 北京: 人民交通出版社, 1996.

[22] 中华人民共和国行业标准. JTJ 073.1—2001 公路水泥混凝土路面养护技术规范, 北京: 人民交通出版社, 2001.

[23] 中华人民共和国行业标准. JTJ 073.2—2001 公路沥青路面养护技术规范. 北京: 人民交通出版社, 2001.

[24] 中华人民共和国行业标准.高速公路养护质量检评方法(试行).北京:人民交通出版社,2002.

[25] 中华人民共和国行业标准.JTG H12—2003 公路隧道养护技术规范,北京:人民交通出版社,2003.

[26] 中华人民共和国行业标准.JTG H11—2004 公路桥涵养护规范.北京:人民交通出版社,2004.

[27] 中华人民共和国行业标准.JTG H20—2007 公路技术状况评定标准.北京:人民交通出版社,2007.

[28] 中华人民共和国行业标准.JTJ 059—1995 公路路基路面现场测试规程.北京:人民交通出版社,1995.

[29] 李华,潘玉利.高速公路养护质量评定手册.北京:知识出版社,2004.

[30] 李强.高速公路路面车辙检测、评价及预测技术研究(博士论文)北京:2007.

[31] 潘玉利.路面管理系统原理.北京:人民交通出版社,1998.

[32] 潘玉利.路面管理系统基础教程.北京:人民交通出版社,2002.

[33] 潘玉利.Simulation of Vehicle Speed and Fuel Consumption.北京:人民交通出版社,2005.

[34] 潘玉利.高速公路资产现代化管理技术的研究.公路交通科技,2005.

[35] 潘玉利,曾沛霖,等.路面大中修养护投资分析模型.中国公路学报.1992,5(3).

[36] 潘玉利,郑安福,鲍世恩.杭州市路面状况评价模型.公路交通科技,1990,7(2).

[37] 徐培华,陈忠达.路基路面试验检测技术[M].北京:人民交通出版社,2001.

[38] 英国运输科学研究院编.沥青路面道路质量评估及养护指南[M].中国路桥(集团)总公司译.北京:人民交通出版社,2001.

[39] 朱定勤,梁平安,潘玉利.基于CPMS技术的公路预防性养护规划与计划.公路,2006(8).